Saucen

Coverfoto: Uwe Ziss, Düsseldorf
Gestaltung: WirtzCologne
Gesamtherstellung: Naumann & Göbel Verlagsgesellschaft mbH
ISBN 3-625-11175-6

www.naumann-goebel.de

Saucen

NGV

Inhalt

Warenkunde

Einfach klasse und doch einfach, wenn man weiß wie: Das ist das Geheimnis einer guten Sauce. Hier verraten wir Ihnen, wie man's macht.

Die Sauce – A und O jeder Mahlzeit

Wann genau die erste Sauce zu einem Gericht serviert wurde, lässt sich nicht genau sagen, doch dass bereits Naturvölker ihr gegrilltes oder geröstetes Fleisch nicht pur zu sich nahmen, sondern eine Würzmischung dazu reichten, ist gesichert. Sie fanden mit der Zeit heraus, welche Gewürze am besten zu welchem Fleisch, Fisch oder welcher Gemüseart passten und bald gaben sie Wasser oder Öl dazu. Über die Jahre wurde diese Kunst immer mehr kultiviert. Eine Sauce ist daher nichts anderes als eine Gewürzmischung, die verflüssigt wurde.

Auch im Altertum waren Saucen beliebt und geschätzt. Nach der Überlieferung gab es bereits vor 2000 Jahren in Pompeji eine „Saucenfabrik", deren beliebteste Sauce Garum war, eine Mischung aus verschiedenen Gewürzen und Fisch. Je nach Fleisch- und Fischsorte wurde sie variiert.

Durch die Jahrhunderte hindurch lässt sich die Geschichte der Sauce verfolgen bis in die Neuzeit. Alle Köche, die etwas auf sich hielten, kreierten die feinsten Saucen zu den verschiedenen Gerichten, oftmals gab es zu einem Gericht mehrere Saucen. Diese Tradition zieht sich durch ganz Europa.

Nicht von ungefähr kennen wir heute Saucen, die mit aller Finesse und den ausgewähltesten Zutaten zubereitet sind. Doch ganz gleich, wie erlesen die Zutaten einer Sauce auch sind: Grundlage ist ein aromatischer Fond, der aus Knochen, Gemüse, verschiedenen Gewürzen und Wasser gekocht wird.

Eine eher einfache Sauce ist die klassische Mehlschwitze, die zwar „dick aufträgt", geschmacklich aber eher uninteressant ist. Sie wurde in der einfachen Küche als Sauce zu Gemüse zubereitet.

Andere berühmte Saucenklassiker wie Sauce Hollandaise, Sauce Béarnaise oder Sauce Béchamel, die aus Butter, Milch, Eiern und Gewürzen gerührt werden, sind nicht mehr wegzudenken aus unseren Kochtöpfen und bilden die Grundlage vieler Saucenvariationen.

In diesem Buch haben wir mehr als 200 Saucen zusammengetragen, die Abwechslung und Pfiff in Ihre Küche bringen werden, von würzigen Salatsaucen und -dressings über zum Teil ausgefallene Saucen zu Pastagerichten, Gemüse, Fleisch und Fisch bis hin zu süßen Dessertsaucen. Dazu liefern wir Ihnen unsere Lieblingsrezepte für komplette Gerichte, die von unvergleichlichen Saucen gekrönt werden.

Die Saucenrezepte sind jeweils für 4 Portionen berechnet, das heißt, bei einer Salatsauce beziehen sich die Angaben etwa auf 100 bis 150 ml, bei den übrigen Saucen auf etwa 250 bis 350 ml. Die angegebene Kalorienzahl und die Nährwerte beziehen sich auf eine Portion.

Viel Spaß beim Nachkochen!

Helle Grundsauce

5 l Geflügelfond

je 200 g Möhren, Lauch, Zwiebeln, Knollensellerie

50 g Butter

6 El Mehl

500 ml Sahne

Salz, Pfeffer

1 Prise gemahlene Muskatnuss

Zubereitungszeit ca. 45 Minuten
Pro Portion ca. 708 kcal/2972 kJ
21 g E, 64 g F, 15 g KH

1 Den Fond in einem Topf erwärmen. Das Gemüse putzen, waschen, ggf. schälen und in den Fond geben. Aufkochen und auf etwa 1 Liter einkochen.

2 Butter erhitzen und mit dem Mehl eine Mehlschwitze herstellen. Mit Fond auffüllen und unter Rühren aufkochen.

3 Sauce durch ein Sieb streichen und die Sahne unterziehen. Mit den Gewürzen abschmecken.

Tomatensauce

200 g gewürfelter durchwachsener Speck

je 200 g zerkleinerte Möhren, Lauch, Zwiebeln, Knollensellerie

600 g Tomatenmark

500 g geschälte und gewürfelte Tomaten

5 l Gemüsebrühe

2 gehackte Knoblauchzehen

1/2 Bund gehackter Thymian

50 g Butter

6 El Mehl,

Salz, Pfeffer

Paprikapulver

Zubereitungszeit ca. 45 Minuten
Pro Portion ca. 725 kcal/3045 kJ
30 g E, 21 g F, 102 g KH

1 Den Speck in einem Topf auslassen und das Gemüse darin andünsten. Tomatenmark und Tomaten zugeben und mit Brühe auffüllen.

2 Knoblauch und Thymian hinzufügen und alles auf etwa 1 Liter einkochen. Fond durch ein Sieb streichen.

3 Butter schmelzen und mit dem Mehl eine Mehlschwitze herstellen. Fond unter Rühren angießen und 5 Minuten köcheln. Mit den Gewürzen abschmecken.

Braune Grundsauce

4 kg Kalbsknochen

je 200 g zerkleinerte Möhren, Lauch, Knollensellerie und Zwiebeln

4 zerdrückte Knoblauchzehen

200 g Tomatenmark

1/2 Bund gehackter Thymian

2 Lorbeerblätter

500 ml Rotwein

50 g Butter

6 El Mehl

Salz, Pfeffer

Paprikapulver

Zubereitungszeit ca. 45 Minuten
Pro Portion ca. 293 kcal/1229 kJ
6 g E, 11 g F, 21 g KH

1 Kalbsknochen, Gemüse, Knoblauchzehen und Tomatenmark in einen Topf mit 4,5 Litern Wasser geben.

2 Thymian, Lorbeerblätter und Rotwein zufügen und alles auf etwa 1 Liter einkochen lassen. Fond durch ein Sieb streichen.

3 Butter schmelzen und mit dem Mehl eine Mehlschwitze herstellen. Fond unter Rühren zugießen und etwa 5 Minuten köcheln. Mit den Gewürzen abschmecken.

Sauce Béarnaise

5 El trockener Weißwein

5 El Weißweinessig

2 gehackte Schalotten

4 El gehackter Estragon

10 zerdrückte Pfefferkörner

4 Eigelb

250 g kalte Butter

Salz

weißer Pfeffer

Cayennepfeffer

Zubereitungszeit ca. 25 Minuten
Pro Portion ca. 560 kcal/2352 kJ
5 g E, 60 g F, 3 g KH

1 Weißwein und Essig in einem Topf aufkochen, Schalotten und Kräuter dazugeben und alles um ein Drittel einkochen lassen.

2 Durch ein Sieb in eine Metallschüssel füllen und die Eigelbe unterziehen. Die Schüssel im Wasserbad langsam erhitzen und nach und nach die kalte Butter einrühren, bis die Sauce cremig wird. Nicht kochen!

3 Die Sauce mit Salz, Pfeffer und Cayenne abschmecken.

Sauce Béchamel

30 g Butter

30 g Mehl

1/2 l Milch

1 geschälte Zwiebel

1 Lorbeerblatt

3 Nelken

Salz

weißer Pfeffer

5 El Sahne

geriebene Muskatnuss

Zubereitungszeit ca. 25 Minuten
Pro Portion ca. 179 kcal/750 kJ
5 g E, 11 g F, 14 g KH

1 Die Butter erhitzen. Das Mehl in die heiße Butter rühren und in 2–3 Minuten anschwitzen. Milch unter Rühren zugießen und aufkochen lassen.

2 Zwiebel mit Lorbeerblatt und Nelken spicken, in die Sauce geben. Sauce salzen und pfeffern und etwa 15 Minuten köcheln lassen. Die Zwiebel aus der Sauce nehmen.

3 Die Béchamelsauce mit Salz, Pfeffer und Sahne verfeinern und mit Muskatnuss abschmecken.

Sauce Hollandaise

50 ml Weißwein

1/2 El zerdrückte Pfefferkörner

4 Eigelb

200 g geklärte Butter

Salz

Zitronensaft

Zubereitungszeit ca. 20 Minuten
Pro Portion ca. 458 kcal/1922 kJ
4 g E, 49 g F, 1 g KH

1 Den Weißwein und die Pfefferkörner mit 4 El Wasser in einem Topf erhitzen und etwa um ein Drittel einkochen. Durch ein Sieb in eine feuerfeste Metallschüssel gießen. Abkühlen lassen.

2 Die Schüssel ins köchelnde Wasserbad stellen und die Eigelbe schaumig rühren. Vorsicht, dass sie nicht gerinnen!

3 Die geklärte Butter unter Rühren zufügen, bis die Sauce sämig wird. Mit Salz und Zitronensaft abschmecken.

Rote Buttersauce

2 El Zucker

2 rote Zwiebeln in Streifen geschnitten

250 ml Rotwein

1 Zweig Thymian

200 ml Portwein

100 g kalte Butter in Würfeln

Salz

Pfeffer

Zubereitungszeit ca. 25 Minuten
Pro Portion ca. 330 kcal/1386 kJ
1 g E, 21 g F, 12 g KH

1 Den Zucker in einem Topf karamellisieren, dann die Zwiebeln darin glasieren. Rotwein zugießen und alles um die Hälfte einkochen lassen.

2 Thymianzweig und Portwein zur Sauce geben und auf 150 ml einkochen. Die Sauce durch ein Sieb streichen, zurück in den Topf geben und die Butterwürfel unterrühren.

3 Die Sauce mit Salz und Pfeffer abschmecken.

Weiße Buttersauce

2 gewürfelte Schalotten

2 El Butter

1 El Weinessig

200 ml Weißwein

150 g kalte Butter in Würfeln

Salz

Pfeffer

2 El steif geschlagene Sahne

Zubereitungszeit ca. 20 Minuten
Pro Portion ca. 365 kcal/1533 kJ
1 g E, 36 g F, 3 g KH

1 Die Schalotte in der heißen Butter andünsten. Essig und Wein angießen und alles um die Hälfte einkochen.

2 Die Sauce durch ein Sieb zurück in den Topf streichen und die kalte Butter nach und nach einrühren.

3 Die Sauce mit Salz und Pfeffer abschmecken und die Sahne unterheben.

Mayonnaise

2 Eigelb

Salz

1/2 Tl mittelscharfer Senf

250 ml Pflanzenöl

weißer Pfeffer

1–2 Tl Zitronensaft

Zubereitungszeit ca. 20 Minuten
Pro Portion ca. 593 kcal/2489 kJ
2 g E, 66 g F, 1 g KH

1 Die Eigelb mit Salz und Senf in einer Schüssel leicht verrühren und etwa 1 Minute stehen lassen.

2 Das Öl tropfenweise zufügen und mit dem Handrührgerät oder mit dem Schneebesen einrühren. Allmählich kräftiger rühren und immer so viel Öl zugießen, wie die Eigelbmasse aufnimmt. Die Masse cremig rühren.

3 Die Mayonnaise mit Pfeffer und Zitronensaft abschmecken, eventuell nachsalzen.

Saucen für Salate

Salate bekommen durch das Dressing erst den richtigen Pfiff. Ob mit Essig und Öl oder auf Mayonnaise- bzw. Joghurtbasis, für jeden Salat finden Sie auf den folgenden Seiten die richtige Sauce.

Einfache Salatsauce

1 Zwiebel
2–3 El Obst- oder Weinessig
3 El Sonnenblumenöl
Salz
Pfeffer

Zubereitungszeit ca. 10 Minuten
Pro Portion ca. 86 kcal/362 kJ
1 g E, 9 g F, 1 g KH

1 Die Zwiebel schälen und fein hacken.

2 Die Zwiebel mit Essig und Öl mischen und mit Salz und Pfeffer abschmecken. Passt zu Blattsalaten.

Variation 1

Die Salatsauce mit 1 zerdrückten Knoblauchzehe, 2 El gehackten gemischten Kräutern und 1 Tl Dijonsenf verrühren. Passt zu gemischtem Salat.

Zubereitungszeit ca. 10 Minuten
Pro Portion ca. 89 kcal/375 kJ
1 g E, 9 g F, 2 g KH

Variation 2

Die Salatsauce mit Balsamessig und Olivenöl zubereiten. Passt zu Tomatensalat und Carpaccio.

Zubereitungszeit ca. 10 Minuten
Pro Portion ca. 86 kcal/363 kJ
1 g E, 9 g F, 2 g KH

Variation 3

Die Salatsauce mit 2 El Rotweinessig, 1 Tl Zitronensaft und 1 Tl Sherry zubereiten und mit 1 El gehacktem Dill anreichern. Passt zu Spargelsalat.

Zubereitungszeit ca. 10 Minuten
Pro Portion ca. 90 kcal/379 kJ
1 g E, 9 g F, 2 g KH

Variation 4

Die Salatsauce mit 3 El Weißweinessig und 4 El Chiliöl zubereiten und mit 1–2 El gehacktem frischem Koriander verrühren. Passt zu Gemüse- und Reissalat.

Zubereitungszeit ca. 10 Minuten
Pro Portion ca. 100 kcal/419 kJ
1 g E, 10 g F, 3 g KH

Zitronen-Käse-Dressing

1 Knoblauchzehe
2 El Zitronensaft
1 Tl abgeriebene Schale von 1 unbehandelten Zitrone
1 El gehackte Petersilie
1 Tl Weißweinessig
1 El geriebener Gruyère
Salz
schwarzer Pfeffer
150 ml kalt gepresstes Olivenöl

Zubereitungszeit ca. 15 Minuten
Pro Portion ca. 340 kcal/1428 kJ
0 g E · 37 g F · 1,5 g KH

Knoblauchzehen schälen und fein hacken und mit den anderen Zutaten mischen. Zuletzt das Olivenöl tropfenweise dazurühren, bis die Sauce eine cremige Konsistenz hat. Passt zu Nudelsalaten.

Vinaigrette mit Kürbisöl

2 El Rotweinessig
2 El Apfelessig
2 Tl Apfeldicksaft
2 Tl kaltgepresstes Kürbiskernöl
4 El kaltgepresstes Sonnenblumenöl
abgeriebene Schale von 1 unbehandelten Zitrone
weißer Pfeffer

Zubereitungszeit ca. 10 Minuten
Pro Portion ca. 128 kcal/537 kJ
0 g E, 13 g F, 1 g KH

Die Essigsorten mischen und mit Apfeldicksaft, Kürbiskern- und Sonnenblumenöl gut verrühren. Zitronenschale dazugeben und mit Pfeffer abschmecken. Passt zu Chinakohl.

Vinaigrette mit Pesto

6 El Apfelessig
4 Tl Pesto
150 ml Olivenöl
Salz
schwarzer Pfeffer

Zubereitungszeit ca. 25 Minuten
Pro Portion ca. 335 kcal/1407 kJ
0 g E, 37 g F, 0 g KH

Essig und Pesto in einer Schüssel verrühren. Langsam das Öl unterrühren, bis sich die Zutaten miteinander verbunden haben. Die Vinaigrette mit Salz und Pfeffer abschmecken. Eventuell noch etwas Essig zugeben. Passt zu Nudel-, Gemüse-, Rindfleisch- und Geflügelsalaten.

Joghurt-Orangen-Dressing

100 g Naturjoghurt
100 ml Schlagsahne
Saft von 1 Orange
Salz
schwarzer Pfeffer

Zubereitungszeit ca. 10 Minuten
Pro Portion ca. 108 kcal/455 kJ
2 g E, 8 g F, 6 g KH

Joghurt, Sahne und Orangensaft in einer Schüssel miteinander verrühren. Mit Salz und Pfeffer abschmecken. Passt zu Blatt-, Reis- und Nudelsalaten.

Für 4 Portionen

1/2 El Salz
1/2 El Senfpulver
1 El Zucker
1 Ei
2 El geschmolzene Butter
175 ml Sahne
1/2 Tl schwarzer Pfeffer
50 ml Sherryessig
1 Radicchio
1 Friséesalat

Zubereitungszeit ca. 20 Minuten
Pro Portion ca. 77 kcal/323 kJ
3 g E, 6 g F, 3 g KH

Blattsalat mit Senf-Dressing

Salz, Senfpulver, Zucker, Ei, Butter, Sahne und Pfeffer gut miteinander verrühren. Den Essig unter Rühren dazugeben. Das Dressing im Wasserbad schlagen, bis es eindickt. Abkühlen lassen. Inzwischen den Salat sorgfältig putzen, waschen und trockenschleudern, anschließend die Blätter etwas klein zupfen. Mit dem Dressing beträufeln und servieren.

Blattsalat mit Dressing von zwei Ölsorten

Salat putzen und waschen. Avocado schälen, entkernen und in dünne Spalten schneiden. Sofort mit dem Zitronensaft beträufeln. Himbeeren putzen. Rotweinessig mit Salz und Pfeffer verrühren. Langsam die beiden Ölsorten dazugießen und gut unterrühren. Salat und Avocado mit den Himbeeren anrichten. Das Dressing darüber träufeln.

Für 4 Portionen

1 Friséesalat
1 Avocado
1 Tl Zitronensaft
50 g Himbeeren
El Rotweinessig
Salz, schwarzer Pfeffer
3 El Haselnussöl
3 El Olivenöl

Zubereitungszeit ca. 20 Minuten
Pro Portion ca. 244 kcal/1025 kJ
12 g E, 26 g F, 2 g KH

Blattsalat mit Kräuter-Dressing

Salat putzen, waschen, trockenschütteln und zupfen. Kräuter fein hacken. Öl, Essig und Kräuter in einer Schüssel miteinander mischen. Mit Salz, Pfeffer und Cayennepfeffer abschmecken. Den Salat mit Dressing beträufeln und servieren.

Für 4 Portionen

1 Blattsalat
100 ml Distelöl
50 ml Weißweinessig
je 1 El fein gehackte Petersilie, Schnittlauch, Dill, Kerbel, Basilikum
Salz, Pfeffer
1 Prise Cayennepfeffer

Zubereitungszeit ca. 20 Minuten
Pro Portion ca. 236 kcal/995 kJ
1 g E, 25 g F, 2 g KH

Blattsalat mit Walnuss-Honig-Dressing

Salat putzen, waschen und in Streifen schneiden. Essig mit Senf, Orangensaft, Honig und Kräutern verrühren. Walnussöl unter Rühren nach und nach zugeben. Sauce mit Salz und Pfeffer abschmecken.

Für 4 Portionen

1 Endiviensalat
1 kleiner Radicchio
3 El Rotweinessig
1 El mittelscharfer Senf
Saft von 1/2 Orange
1 Tl Honig
1 Bund fein gehackte gemischte Kräuter
3 El kalt gepresstes Walnussöl
Salz, schwarzer Pfeffer

Zubereitungszeit ca. 15 Minuten
Pro Portion ca. 44 kcal/185 kJ
1 g E, 4 g F, 1 g KH

Sherry-Dressing

3 El Sherryessig
2 El trockener Sherry
1 Tl Kräutersenf
1 Prise Zucker
1/4 Tl Salz
1 Prise Cayennepfeffer
weißer Pfeffer
5 El Traubenkernöl

Zubereitungszeit ca. 10 Minuten
Pro Portion ca. 45 kcal/189 kJ
0 g E, 4 g F, 1 g KH

Sherryessig, Sherry, Senf, Zucker, Salz und Pfeffer gut miteinander verrühren, bis der Zucker sich aufgelöst hat. Dann nach und nach das Öl einfließen lassen und rühren, bis eine cremige Sauce entstanden ist. Passt zu Blattsalaten.

Tomaten-Dressing

2 getrocknete Tomaten in Öl
1 Knoblauchzehe
1 El Kapern
6 schwarze Oliven ohne Stein
2 El Aceto balsamico
75 ml kalt gepresstes Olivenöl
1 Prise Zucker
schwarzer Pfeffer

Zubereitungszeit ca. 10 Minuten
Pro Portion ca. 255 kcal/1071 kJ
1 g E, 27 g F, 3 g KH

Tomaten, geschälte Knoblauchzehe, Kapern und Oliven im Mixer zerkleinern. Aceto und Öl zugeben und zu einer glatten Paste verrühren. Mit Zucker und Pfeffer abschmecken. Passt zu Blatt- und Gemüsesalaten.

Orangen-Dressing

100 g Naturjoghurt
2 El Sojasauce
Saft von 1/2 Orange
1 Tl Tomatenmark
1/2 Tl Currypulver
Salz
weißer Pfeffer

Zubereitungszeit ca. 10 Minuten
Pro Portion ca. 26 kcal/109 kJ
1 g E, 1 g F, 2 g KH

Joghurt mit Sojasauce, Orangensaft und Tomatenmark vermischen und mit Curry, Salz und Pfeffer abschmecken. Passt zu gemischten Salaten mit Früchten und Gemüse.

Birnen-Dressing

4 El Birnensaft
1 Tl körniger Senf
1/2 zerdrückte Knoblauchzehe
1 El Weißweinessig
3 El kaltgepresstes Olivenöl
1 El gehackter Schnittlauch

Zubereitungszeit ca. 15 Minuten
Pro Portion ca. 87 kcal/364 kJ
0 g E, 9 g F, 1 g KH

Birnensaft mit Senf, Knoblauch und Essig verrühren und das Olivenöl kräftig unterschlagen, bis die Sauce cremig wird. Die Schnittlauchröllchen unterrühren. Passt zu Rohkost- und Blattsalaten.

Für 4 Portionen

1 Salatgurke
400 g gekochte Pellkartoffeln
1 Bund Dill
100 ml saure Sahne
4 El süße Sahne
2 El Zitronensaft
Salz
1 Prise Cayennepfeffer
Worcestersauce

Zubereitungszeit ca. 20 Minuten
Pro Portion ca. 143 kcal/600 kJ
3 g E, 6 g F, 18 g KH

Pellkartoffelsalat mit Dill-Dressing

Die Salatgurke waschen und in dünne Scheiben schneiden. Die Kartoffeln pellen, in Scheiben schneiden und damit vermischen. Den Dill waschen und trockenschütteln. Die harten Stiele entfernen und den Dill fein hacken. Saure Sahne mit der süßen Sahne und Zitronensaft schaumig schlagen. Mit Salz, Cayennepfeffer und Worcestersauce sehr pikant abschmecken. Anschließend mit den Salatzutaten vermischen und gut durchziehen lassen.

Gemüsesalat mit Meerrettich-Anchovis-Dressing

Bohnen bissfest garen. Salatgurke in Scheiben schneiden. Radicchio waschen und in Streifen schneiden. Mayonnaise, Meerrettich, Anchovis und Zwiebel miteinander verrühren. Mit Worcestersauce und Tabasco abschmecken. Mit dem Gemüse mischen und durchziehen lassen.

Für 4 Portionen

100 g grüne Bohnen
1 Salatgurke
4 Radicchioblätter
175 g Mayonnaise
1 El Meerrettich (aus dem Glas)
1 Tl fein gehackte Anchovis
1 Tl geriebene Zwiebel
1 Tl Worcestersauce
1/4 Tl Tabasco

Zubereitungszeit ca. 25 Minuten
Pro Portion ca. 447 kcal/1875 kJ
3 g E, 72 g F, 5 g KH

Nudelsalat mit Estragon-Kerbel-Dressing

Nudeln bissfest garen, abtropfen lassen. Kochschinken klein würfeln. Nudeln und Schinkenwürfel vermischen. Kräuter mit Crème fraîche, Sherry und Wein verrühren und mit Salz und Pfeffer abschmecken. Mit den Salatzutaten vermischen und 1 Stunde durchziehen lassen.

Für 4 Portionen

400 g Nudeln
150 g Kochschinken
2 El fein gehackter Estragon
2 El fein gehackter Kerbel
200 g Crème fraîche
2 El Sherry
2 El Roséwein
Salz
schwarzer Pfeffer

Zubereitungszeit ca. 25 Minuten
Pro Portion ca. 546 kcal/2293 kJ
20 g E, 19 g F, 70 g KH

Reissalat mit Kokos-Chili-Sauce

Reis und Gemüse in wenig Salzwasser getrennt garen. Das Öl erhitzen und Chili, Schalotten und Knoblauch darin weich dünsten. Kokosmilch hinzufügen und erwärmen. Mit Limettensaft und Salz abschmecken. Mit dem abgetropften Reis und dem Gemüse vermischen und abkühlen lassen.

Für 4 Portionen

200 g Reis
100 g Tk-Gemüse
Salz
3 El Traubenkernöl
1–2 fein gehackte rote Chilischoten
3 fein gehackte Schalotten
1 zerdrückte Knoblauchzehe
75 ml Kokosmilch (aus der Dose)
Saft von 1 Limette

Zubereitungszeit ca. 25 Minuten
Pro Portion ca. 243 kcal/1022 kJ
5 g E, 6 g F, 42 g KH

Anatolischer Bauernsalat

Für 4 Portionen

400 g Tomaten
1 Salatgurke
250 g rote Zwiebeln
300 g grüne Paprikaschoten
100 g schwarze Oliven
4 El Olivenöl
3 El Weinessig
Salz, Pfeffer
200 g Schafskäse
1/2 Tl getrockneter Oregano
1 Bund Petersilie
1 El getrocknete rote Paprikaflocken

Zubereitungszeit ca. 20 Minuten
Pro Portion ca. 370 kcal/1554 kJ
12 g E, 31 g F, 11 g KH

1 Tomaten waschen, von den Stielansätzen befreien und in Achtel schneiden. Die Gurken waschen, schälen und in Scheiben schneiden.

2 Die Zwiebeln schälen und in Ringe schneiden. Die Paprikaschoten putzen, waschen, entkernen und in Streifen schneiden.

3 Tomaten, Gurken, Zwiebeln, Paprika und Olive in eine Schüssel geben.

4 Aus Olivenöl, Essig, Salz und Pfeffer ein Dressing bereiten und über den Salat geben. Alles gut mischen.

5 Den Schafskäse in Würfel schneiden. Über den Salat geben und mit Oregano würzen. Petersilie waschen, trockenschütteln und hacken. Den Salat mit Petersilie und Paprikaflocken bestreut servieren.

Hirtensalat

Für 4 Portionen

4 Tomaten
3 Frühlingszwiebeln
2 Salatgurken
3 grüne Paprikaschoten
1 Bund gehackte frische Petersilie
100 ml Olivenöl
Saft von 1 Zitrone
1 El Essig
Salz
16 schwarze Oliven
1/2 Bund Radieschen

Zubereitungszeit ca. 20 Minuten
Pro Portion ca. 323 kcal/1356 kJ
4 g E, 28 g F, 13 g KH

1 Die Tomaten mit kochendem Wasser übergießen und enthäuten. Dabei die Stielansätze entfernen. Tomaten in Stücke schneiden.

2 Die Gurken schälen und würfeln. Die Paprika putzen, waschen, entkernen und fein hacken. Die Lauchzwiebeln putzen, waschen und hacken. Alle Salatzutaten außer Radieschen und Oliven in eine Schüssel geben.

3 Aus Olivenöl, Zitronensaft, Essig und Salz ein Dressing herstellen, über den Salat geben und unterheben.

4 Die Radieschen waschen und in Scheiben schneiden. Den Salat mit Radieschenscheiben und Oliven garniert servieren. Dazu passt Fladenbrot.

Melonensaft-Wein-Dressing

50 ml Melonensaft
1 El Honig
2 El Tomatenmark
80 ml Weißwein
Salz
weißer Pfeffer
5 Tropfen Tabasco
2 El Sonnenblumenöl

Zubereitungszeit ca. 15 Minuten
Pro Portion ca. 52 kcal/218 kJ
0 g E, 2 g F, 4 g KH

Melonensaft mit Honig und Tomatenmark verrühren, den Weißwein dazugeben und mit Salz, Pfeffer und Tabasco würzen. Zuletzt das Öl hinzufügen. Passt zu Blattsalaten mit Obst und Geflügelfleisch.

Mango-Dressing

1 reife Mango
Saft von 1 Zitrone
1 El Dijonsenf
1/8 Tl Chilipulver
2 El gehackter frischer Schnittlauch
Salz
schwarzer Pfeffer

Zubereitungszeit ca. 20 Minuten
Pro Portion ca. 28 kcal/116 kJ
0 g E, 0 g F, 5 g KH

Die Mango schälen, den Kern entfernen und das Fruchtfleisch mit dem Zitronensaft pürieren. Das Püree durch ein Sieb streichen, um die Mangofasern zu entfernen. Mangopüree mit den restlichen Zutaten mischen. Hält sich etwa 1 Woche im Kühlschrank. Passt zu Blattsalaten.

Johannisbeer-Dressing

150 g saure Sahne
150 g Naturjoghurt
50 g Curryketchup
1 El Johannisbeergelee
1 Prise Paprikapulver
1 Prise Cayennepfeffer
4 El Obstessig
Salz
schwarzer Pfeffer

Zubereitungszeit ca. 20 Minuten
Pro Portion ca. 93 kcal/392 kJ
3 g E, 5 g F, 7 g KH

Saure Sahne, Joghurt, Curryketchup und Johannisbeergelee verrühren, mit Paprikapulver, Cayennepfeffer, Essig, Salz und Pfeffer abschmecken. Passt zu Nudel- und Reissalaten.

Knoblauchsauce

2 Knoblauchzehen
100 g Mayonnaise
4 El Sahne
2 El saure Sahne
Salz

Zubereitungszeit ca. 10 Minuten
Pro Portion ca. 219 kcal/920 kJ
1 g E, 24 g F, 1 g KH

Knoblauchzehen schälen und durchdrücken. Knoblauch mit Mayonnaise, süßer und saurer Sahne verrühren und mit Salz abschmecken. Passt zu Geflügel- und Fischsalaten.

Für 4 Portionen

1 Kopf Friséesalat
200 g Champignons
5 El Erdnussöl
30 g Erdnusskerne
2 El helle Sojasauce
3 El weißer Aceto balsamico
1 Msp. Chilipulver
Salz
schwarzer Pfeffer

Zubereitungszeit ca. 25 Minuten
Pro Portion ca. 168 kcal/706 kJ
4 g E, 16 g F, 1 g KH

Blattsalat mit Champignons und Erdnuss-Chili-Dressing

Den Salat putzen, waschen und trockenschleudern. Anschließend die Blätter etwas kleiner zupfen. Die Champignons putzen, sauber bürsten, möglichst nicht waschen. Champignons in dünne Scheiben schneiden. Das Erdnussöl erhitzen und die fein gehackten Erdnusskerne darin anrösten. Sojasauce dazugeben und unterrühren. Etwas abkühlen lassen, anschließend mit Aceto, Chili, Salz und Pfeffer abschmecken und mit den Salatzutaten vermischen.

Tomatensalat mit warmer Vinaigrette

Die Tomaten häuten, entkernen und in Spalten schneiden. Die Zwiebeln schälen und in dünne Ringe schneiden. Essig, Öl, Thymian und Rosmarin in eine Pfanne geben und unter Rühren mit dem Schneebesen langsam erwärmen. Wenn sie gut erhitzt ist, die Sauce vom Herd nehmen und mit Salz und Pfeffer abschmecken. Noch warm mit dem Salat vermischen.

Für 4 Portionen

600 g Tomaten
2 Zwiebeln
4 El Aceto balsamico
6 El kalt gepresstes Olivenöl
1 El gehackter Thymian
1 El gehacktes Rosmarin
Salz, Pfeffer

Zubereitungszeit ca. 20 Minuten
Pro Portion ca. 196 kcal/825 kJ
2 g E, 18 g F, 5 g KH

Blattsalat mit Joghurt-Dressing

Den Salat putzen, waschen und trockenschleudern, anschließend etwas klein zupfen. Joghurt, Schmand und Zitronensaft verrühren, Kräuter darunter mischen. Mit Salz, Pfeffer und Cayennepfeffer abschmecken. Zuletzt das Öl langsam unterrühren. Den Salat mit Dressing beträufeln und servieren.

Für 4 Portionen

1 Radiccio
1 Friséesalat
150 g Naturjoghurt
3 El Schmand
Saft von 1 Zitrone
1 El gehackter frischer Schnittlauch
1 El gehackte Petersilie
Salz, weißer Pfeffer
Cayennepfeffer
2 El Olivenöl

Zubereitungszeit ca. 20 Minuten
Pro Portion ca. 111 kcal/466 kJ
3 g E, 10 g F, 3 g KH

Chinakohlsalat mit Rotwein-Dressing

Schalotten, Rotwein und Rotweinessig auf die Hälfte einkochen lassen. Abkühlen lassen. Chinakohl putzen, waschen und trockenschleudern. Kohl in feine Streifen schneiden. Radieschen waschen und in Scheiben schneiden. Eigelb, Senf und Gewürze in die abgekühlte Rotweinmischung einrühren und mit dem Öl zu einer cremigen Sauce verrühren.

Für 4 Portionen

1 El gehackte Schalotten
200 ml Rotwein
4 El Rotweinessig
400 g Chinakohl
1 Bund Radieschen
1 Eigelb
1 Tl Senf
1/2 Tl Salz
schwarzer Pfeffer
100 ml Sonnenblumenöl

Zubereitungszeit ca. 25 Minuten
Pro Portion ca. 297 kcal/1247 kJ
2 g E, 27 g F, 4 g KH

Limetten-Honig-Dressing

1 Limette
2 Tl körniger Senf
1/2 Tl flüssiger Honig
1/2 Bund gehacktes frisches Basilikum
6 El kalt gepresstes Sonnenblumenöl
Salz, Pfeffer

Zubereitungszeit ca. 10 Minuten
Pro Portion ca. 179 kcal/751 kJ
0 g E, 19 g F, 1 g KH

Die Limette auspressen und den Saft mit den übrigen Zutaten vermischen. Kräftig schlagen, bis die Sauce cremig ist. Passt zu Meeresfrüchtesalaten.

Apfel-Dressing mit Orange

1 Tl Apfeldicksaft
2 El Aceto balsamico
2 El Orangensaft
4 El Olivenöl
Salz
schwarzer Pfeffer

Zubereitungszeit ca. 10 Minuten
Pro Portion ca. 109 kcal/458 kJ
9 g E, 12 g F, 1 g KH

Apfeldicksaft mit Aceto und Orangensaft verrühren und mit Salz und Pfeffer abschmecken. Das Öl nach und nach mit einem Schneebesen einrühren, bis eine homogene Sauce entstanden ist. Passt zu Blatt- und Wildkräutersalaten.

Pfefferminzsauce

100 ml Sahne
Saft von 1 Zitrone
10 frische Pfefferminzblätter
2 El Ricotta
Salz
weißer Pfeffer

Zubereitungszeit ca. 15 Minuten
Pro Portion ca. 88 kcal/369 kJ
2 g E, 8 g F, 2 g KH

Sahne und Zitronensaft schaumig rühren. Die Pfefferminzblätter waschen, trocknen und fein hacken. Mit Ricotta unter die Sahne heben, glatt rühren und die Sauce mit Salz und Pfeffer abschmecken. Passt zu Nudel- oder Eisbergsalat.

Kräutersauce mit Kapern

150 g Mayonnaise (von Seite 11)
50 ml saure Sahne
1 Tl Dijonsenf
2 El gewürfelte Gewürzgurken
2 El gehackte Kapern
2 El gehackte Petersilie
1 Tl gehackter Estragon
Salz
schwarzer Pfeffer

Zubereitungszeit ca. 25 Minuten
Pro Portion ca. 308 kcal/1292 kJ
1 g E, 33 g F, 3 g KH

Mayonnaise mit saurer Sahne, Senf und den übrigen Zutaten verrühren. Mit Salz und Pfeffer abschmecken. Passt zu kaltem Braten, Eier- und Fischsalaten und Gemüse.

Für 4 Portionen

1 Blumenkohl
Salz
200 g grüner Spargel
1 Tl Butter
80 g Frischkäse
100 ml Buttermilch
1 Tl Zitronensaft
2 Tl gehackte gemischte Kräuter
schwarzer Pfeffer
Currypulver

Zubereitungszeit ca. 25 Minuten
Pro Portion ca. 109 kcal/456 kJ
5 g E, 7 g F, 4 g KH

Gemüsesalat mit Käse-Kräuter-Dressing

Den Blumenkohl putzen, in Röschen teilen und in Salzwasser bissfest garen, anschließend abtropfen lassen. Beim Spargel nur das untere Drittel schälen, anschließend in wenig kochendem Salzwasser mit der Butter bissfest garen, abtropfen und abkühlen lassen. Inzwischen den Frischkäse und die Buttermilch miteinander verrühren. Anschließend Zitronensaft und Kräuter hinzufügen und unterrühren. Mit Salz, Pfeffer und Curry pikant abschmecken. Das Gemüse miteinander vermengen und mit Dressing beträufeln.

Hülsenfrüchtesalat mit Malz-Raps-Dressing

Die Bohnen und die Maiskörner mit kaltem Wasser überbrausen, anschließend in einem Sieb gut abtropfen lassen. Salat putzen, waschen und trockenschleudern. Bohnen, Mais und Salat miteinander vermischen. Die Kichererbsen darunter heben. Das Öl mit dem Zitronensaft, Tomatenmark und Essig zu einer glatten Sauce verrühren. Petersilie unterheben, mit dem Salat vermischen und gut durchziehen lassen.

Für 4 Portionen

Je 150 g rote, gelbe und weiße Bohnen aus der Dose
100 g Maiskörner aus der Dose
etwas Friséesalat
100 g gekochte Kichererbsen
3 El Rapsöl
1 El Zitronensaft
1 El Tomatenmark
1 El Malzessig
1 El gehackte glatte Petersilie

Zubereitungszeit ca. 20 Minuten
Pro Portion ca. 191 kcal/800 kJ
14 g E, 6 g F, 29 g KH

Auberginensalat mit Sesam-Limetten-Sauce

Auberginen in dem Öl gar braten, abtropfen lassen und mit Salz und Pfeffer würzen. Tahin mit Limettensaft und -schale, Knoblauch und Paprikapulver mischen. Koriander unterheben und die Sauce mit Salz und Pfeffer abschmecken. Auberginen mit der Sauce anrichten.

Für 4 Portionen

3 Auberginen in Scheiben
4 El Öl
Salz
schwarzer Pfeffer
3 El Sesammus (Tahin)
Saft und Schale von 1–2 unbehandelten Limetten
1 zerdrückte Knoblauchzehe
1 Prise rosenscharfes Paprikapulver
1 El gehackter Koriander

Zubereitungszeit ca. 20 Minuten
Pro Portion ca. 175 kcal/589 kJ
3 g E, 14 g F, 7 g KH

Eier-Schinken-Salat mit Thousand-Island-Dressing

Die Eier pellen, 1 Ei würfeln und die restlichen Eier vierteln. Die Paprikaschote putzen, waschen, halbieren, entkernen und klein schneiden. Den Schinken klein würfeln. Die Oliven fein hacken. Zwiebel schälen, Zwiebel und Gurke hacken. Alle restlichen Zutaten mischen und gut miteinander verrühren.

Für 4 Portionen

6 hart gekochte Eier
1 Paprikaschote
200 g gekochten Schinken
2 El gefüllte Oliven
1/2 Zwiebel
1/2 Gewürzgurke
225 ml Mayonnaise
2 El Chilisauce oder Tomatenketchup
1 El gehackter frischer Schnittlauch
Salz, schwarzer Pfeffer
1 El Zitronensaft

Zubereitungszeit ca. 20 Minuten
Pro Portion ca. 656 kcal/2756 kJ
21 g E, 60 g F, 6 g KH

Für 4 Portionen

1 kleiner Eisbergsalat
4 Tomaten
2 Möhren
300 g Braunkappen, Steinpilze oder Stockschwämmchen aus dem Glas
30 g Butter
je 1 gelbe und orange Paprika
1 Schalotte
1 Knoblauchzehe
2 El Essig
Salz, Pfeffer
3–4 El Öl
frische Kräuter der Saison

Zubereitungszeit ca. 20 Minuten (plus Zeit zum Ziehen)
Pro Portion ca. 170 kcal/715 kJ
5 g E, 13 g F, 8 g KH

Bunter Salat mit Braunkappen

1 Den Salat putzen, waschen, abtropfen lassen, die Blätter etwas kleiner zupfen. Die Tomaten mit kochendem Wasser überbrühen, anschließend häuten, entkernen und klein würfeln. Die Möhren putzen, waschen, schälen und in sehr feine Streifen schneiden.

2 Die Braunkappen oder Steinpilze putzen, sauber bürsten und ebenfalls in feine Streifen schneiden und in einer weiten Pfanne in der heißen Butter unter Rühren etwa 5 Minuten braten. Die Stockschwämmchen in einem Sieb abtropfen lassen, dazugeben und untermischen. Pilze beiseite stellen.

3 Die Paprika putzen, waschen, halbieren, den Stiel und die Kerne entfernen. Paprika in feine Streifen schneiden. Die Schalotte und den Knoblauch schälen und sehr fein hacken. Alles miteinander in einer Schüssel vermischen.

4 Für die Salatsauce den Essig mit Salz, Pfeffer und dem Öl verschlagen und pikant abschmecken. Die Kräuter waschen, trockenschütteln und fein hacken.

5 Die Salatsauce und die Hälfte der gehackten Kräuter zu den Salatzutaten geben, Pilze dazugeben, alles miteinander vermischen und etwa 15 Minuten durchziehen lassen. Den Salat anrichten und mit den restlichen Kräutern bestreut servieren.

Grüne Sauce

50 g gemischte Kräuter
50 g Spinat
250 g Mayonnaise (von S. 11)

Zubereitungszeit ca. 20 Minuten
Pro Portion ca. 477 kcal/2005 kJ
2 g E, 52 g F, 3 g KH

Kräuter und Spinat putzen, waschen und etwa 30 Sekunden in kochendem Wasser blanchieren. Abgießen, abschrecken und abtropfen. Fein hacken und mit der Mayonnaise verrühren. Passt zu Eier-, Gemüse-, Geflügel- und Fischsalaten.

Tomaten-Chili-Dressing

50 ml Gemüsebrühe
1 El Tomatenmark
50 ml Rotweinessig
50 ml Olivenöl
1/2 Tl Chilipulver
1 El frischer Zitronensaft
1 El gehackter Koriander

Zubereitungszeit ca. 15 Minuten
Pro Portion ca. 130 kcal/548 kJ
0 g E, 13 g F, 1 g KH

Alle Zutaten bis auf den Koriander miteinander mischen und gut verrühren. Zum Schluss den Koriander unterheben. Passt zu Salaten aus Hülsenfrüchten oder Nudelsalaten.

Ingwer-Dressing

1 Eigelb
Salz
1 Tl fein geriebener Ingwer
70 ml Olivenöl
70 ml Walnussöl
1 El grob gehackte Frühlingszwiebeln
schwarzer Pfeffer

Zubereitungszeit ca. 20 Minuten
Pro Portion ca. 330 kcal/1386 kJ
1 g E, 37 g F, 1 g KH

Eigelb mit Salz und Ingwer im Mixer verrühren. Bei laufendem Motor langsam die Öle zugießen und glatt rühren. Zuletzt die Frühlingszwiebeln zugeben und zerkleinern. Mit Pfeffer abschmecken. Passt zu Geflügel-, Fleisch- und Meeresfrüchtesalaten.

Zitronensauce mit Minze

4 El Crème fraîche
abgeriebene Schale und Saft von 1 Zitrone
1 El fein gehackte Minze
2 El Mayonnaise (von S. 11)
3 El Naturjoghurt
Salz
schwarzer Pfeffer

Zubereitungszeit ca. 10 Minuten
Pro Portion ca. 75 kcal/315 kJ
1 g E, 7 g F, 1 g KH

Alle Zutaten gut miteinander verrühren und mit Salz und Pfeffer abschmecken. Passt zu Salaten von jungem frischem Gemüse, wie z. B. Zuckerschoten und Baby-Mais.

Saucen für Pasta

So vielfältig die Auswahl unter den Pastasorten ist, so unterschiedlich und vielseitig ist die Zubereitung köstlicher, ausgefallener und raffinierter Pastasaucen. Lassen Sie sich überraschen von mediterranen Aromen, die jedes noch so einfache Pastagericht traumhaft krönen.

Kräuter-Sahnesauce

Je 1/4 Bund gehackte Kräuter (Petersilie, Kerbel, Basilikum, Schnittlauch)
1 grob zerkleinerte Knoblauchzehe
200 ml Sahne
50 ml Weißwein
Salz, Pfeffer
Muskatnuss

Zubereitungszeit ca. 20 Minuten
Pro Portion ca. 166 kcal/697 kJ
2 g E, 15 g F, 4 g KH

Die Kräuter mit dem Knoblauch im Mixer pürieren. Weißwein in einem Topf erhitzen, Sahne zugeben und mit Salz, Pfeffer und Muskat abschmecken. Zum Schluss die gehackten Kräuter unterheben. Passt zu allen Pastasorten.

Tomaten-Kerbel-Sauce

2 El Olivenöl
300 g geschälte und gewürfelte Tomaten
1 Becher Crème fraîche
Salz, Pfeffer
geriebene Muskatnuss
1 El gehackter Kerbel

Zubereitungszeit ca. 15 Minuten
Pro Portion ca. 179 kcal/750 kJ
2 g E, 18 g F, 4 g KH

Das Öl in einem Topf erhitzen, Tomaten darin etwa 5 Minuten schmoren, Crème fraîche unterrühren und mit den Gewürzen abschmecken. Zuletzt den Kerbel unter die Sauce heben. Passt zu grünen Bandnudeln und Spaghetti.

Rucolasauce

250 g Sahne
150 g grob gehackte Rauke (Rucola)
175 g geriebener Pecorino
Salz, Pfeffer

Zubereitungszeit ca. 15 Minuten
Pro Portion ca. 253 kcal/1061 kJ
13 g E, 21 g F, 3 g KH

Die Sahne in einem Topf erhitzen, die Rauke und den Käse unterheben und unter Rühren den Käse schmelzen lassen. Mit Salz und Pfeffer abschmecken. Passt zu Spaghetti, Tagliatelle und Linguine.

Zitronen-Sahne-Sauce

1 unbehandelte Zitrone
250 ml Sahne
2 El Cognac
Saftvon 1/2 Zitrone
Salz
weißer Pfeffer

Zubereitungszeit ca. 20 Minuten
Pro Portion ca. 209 kcal/876 kJ
2 g E , 19 g F, 6 g KH

Die Schale der Zitrone abreiben, Zitrone filettieren und das Fruchtfleisch in kleine Würfel schneiden. Sahne und Cognac erhitzen, Zitronenwürfel unterrühren und 5 Minuten köcheln. Mit Zitronensaft, Salz und Pfeffer abschmecken. Passt zu Spaghetti, Bandnudeln und Makkaroni.

Für 4 Portionen

500 g Spaghetti
Salz
3 Knoblauchzehen
30 g getrocknete Tomaten
2 El Olivenöl
3/8 l Gemüsebrühe
75 g schwarze Oliven ohne Stein
2 El frisch gehacktes Basilikum

Zubereitungszeit ca. 25 Minuten
Pro Portion ca. 221 kcal/929 kJ
6 g E, 16 g F, 5 g KH

Spaghetti mit Oliven-Tomaten-Sauce

Spaghetti in Salzwasser bissfest garen. Den Knoblauch schälen und fein hacken. Die Tomaten klein schneiden. Das Öl in einer Pfanne erhitzen und den Knoblauch darin andünsten. Tomaten und Gemüsebrühe zugeben, aufkochen und 10 Minuten köcheln. Oliven hacken und mit Basilikum zugeben. Abgetropfte Nudeln mit der Sauce servieren.

Ravioli mit Pesto genovese

Ravioli in Salzwasser garen. Die Pinienkerne in einer Pfanne ohne Fett rösten. Knoblauch schälen und grob hacken. Pinienkerne und Knoblauch mit Basilikum in einen Mixer geben und zerkleinern. Dann Salz, Parmesan und Olivenöl zugeben und weiterrühren, bis eine cremige Sauce entstanden ist. Abgetropfte Ravioli mit Pesto servieren.

Für 4 Portionen

500 g Ravioli
2 El Pinienkerne
4 Knoblauchzehen
150 g gehacktes Basilikum
Salz
6 El frisch geriebener Parmesan
6 El Olivenöl

Zubereitungszeit ca. 25 Minuten
Pro Portion ca. 575 kcal/2417 kJ
16 g E, 46 g F, 26 g KH

Tagliatelle mit Knoblauch-Chili-Sauce

Pasta garen. Knoblauch schälen und hacken. Die Chili putzen, waschen, entkernen und ebenfalls fein hacken. Das Olivenöl in einer Pfanne erhitzen und Knoblauch sowie Chili darin anschmoren, bis sie leicht Farbe angenommen haben. Mit Salz würzen. Abgetropfte Tagliatelle in die Pfanne geben und mit der Sauce vermischen.

Für 4 Portionen

500 g Tagliatelle
Salz
4 Knoblauchzehen
1 mittelgroße rote Chilischote
100 ml Olivenöl

Zubereitungszeit ca. 20 Minuten
Pro Portion ca. 445 kcal/1869 kJ
25 g E, 34 g F, 25 g KH

Ravioli mit Morchelrahm

Ravioli in Salzwasser bissfest garen. Inzwischen die Schalotten in der heißen Butter andünsten. Champignons mitschmoren. Dem Morchel-Einweichwasser Wein zugeben und einkochen lassen. Sahne und Morcheln zugeben und 5 Minuten köcheln. Sauce mit Pfeffer würzen. Ravioli abgießen, abtropfen lassen und mit der Sauce servieren.

Für 4 Portionen

500 g Ravioli
Salz
2 fein gehackte Schalotten
40 g Butter
100 g fein gehackte Champignons
15 g getrocknete eingeweichte Morcheln
6 El trockener Weißwein
100 ml Sahne
weißer Pfeffer

Zubereitungszeit ca. 20 Minuten
Pro Portion ca. 613 kcal/2576 kJ
17 g E, 19 g F, 88 g KH

Spinat-Spaghettini

Für 4 Portionen

300 g Blattspinat
3 rote Chilischoten
4 Knoblauchzehen
400 g Spaghettini
Salz
150 ml Olivenöl
50 g Sesamsamen
Pfeffer

Zubereitungszeit ca. 25 Minuten
Pro Portion ca. 373 kcal/1564 kJ
14 g E, 3 g F, 70 g KH

1 Den Spinat putzen, waschen und trocknen. Die Chilischoten putzen, waschen, halbieren und entkernen. Die Schoten in Würfel schneiden. Die Knoblauchzehen schälen und fein hacken.

2 Die Spaghettini in kochendem Salzwasser bissfest garen.

3 Das Öl in einer Pfanne erhitzen und die Chiliwürfel darin anbraten. Die Knoblauchwürfel dazugeben und unter Rühren ca. 2 Minuten braten. Den Spinat hineingeben und zusammenfallen lassen.

4 Die Nudeln abgießen, mit kaltem Wasser abschrecken und gut abtropfen lassen. Die Nudeln in der Spinatmischung wenden und mit Salz und Pfeffer abschmecken.

Spaghetti aglio ed olio

Für 4 Portionen

500 g Spaghetti
Salz
5 Knoblauchzehen
1 Bund glatte Petersilie
1/2 frische Peperoni
60 ml kat gepresstes Olivenöl
schwarzer Pfeffer aus der Mühle
1 getrocknete Chilischote

Zubereitungszeit ca. 20 Miuten
Pro Portion ca. 493 kcal/2070kJ
13 g E, 18 g F, 70 g KH

1 Die Spaghetti nach Packungsanweisung in Salzwasser bissfest kochen.

2 Inzwischen den Knoblauch schälen und in dünne Scheiben schneiden. Die Petersilie waschen, trocknen und fein hacken, 1 El Petersilie beiseite stellen. Die Peperoni waschen, entkernen und in kleine Würfel oder Streifen schneiden.

3 Das Öl in einer Pfanne langsam erhitzen und die Peperoni darin 2 Minuten anbraten. Den Knoblauch hinzufügen und ca. 1 Minute mitbraten. Den Knoblauch aber nicht bräunen, damit er nicht bitter wird. Die Chilischote klein bröseln und hinzufügen.

4 Die Spaghetti in einem Sieb abtropfen lassen und mit der Petersilie zu den anderen Zutaten geben. Alles gut vermengen, mit Salz und Pfeffer würzen, mit der restlichen Petersilie garnieren und sofort servieren.

Petersiliensauce mit Mandeln

250 g grob gehackte Mandeln
3 El Petersilie
100 g geriebener Gruyère
250 ml Olivenöl
3 El Schnittlauchröllchen
Salz
schwarzer Pfeffer

Zubereitungszeit ca. 15 Minuten
Pro Portion ca. 948 kcal/3980 kJ
18 g E, 97 g F, 4 g KH

Mandeln und Petersilie im Mixer fein pürieren. Den Käse dazugeben und unterrühren. Das Öl nach und nach zufügen, bis eine feste Paste entsteht. Mit Schnittlauch, Salz und Pfeffer abschmecken. Passt zu grünen Nudeln, Spaghetti und Gnocchi.

Steinpilzsauce

30 g getrocknete Steinpilze
3 El Butter
2 gewürfelte Zwiebeln
250 g saure Sahne
3 El Sherry
Salz
schwarzer Pfeffer

Zubereitungszeit ca. 20 Minuten
Pro Portion ca. 159 kcal/668 kJ
5 g E, 13 g F, 5 g KH

Pilze in 750 ml Wasser einweichen. Butter zerlassen und Zwiebeln darin andünsten. Pilze mit Einweichwasser und saurer Sahne zugeben und 15 Minuten einkochen lassen. Sherry unterrühren und Sauce mit Salz und Pfeffer abschmecken. Passt zu Spaghetti.

Tomatensauce mit Butter

100 g Butter
5 fein gehackte Schalotten
700 g gehäutete, entkernte und gewürfelte Tomaten
Salz
schwarzer Pfeffer
3 El frisch gehacktes Basilikum

Zubereitungszeit ca. 25 Minuten
Pro Portion ca. 228 kcal/956 kJ
3 g E, 21 g F, 7 g KH

Butter in einem Topf erhitzen, die Schalotten darin anschmoren. Tomaten dazugeben und alles etwa 10 Minuten schmoren. Mit Salz und Pfeffer abschmecken. Zuletzt das Basilikum untermischen. Passt zu Ravioli und Tortellini.

Mozzarellasauce

3 El Olivenöl
1 gewürfelte Schalotte
1 gehackte Knoblauchzehe
250 g gehäutete, gewürfelte Tomaten
2 El Aceto Balsamico
200 ml Rotwein
200 ml Gemüsebrühe
100 g Mozzarella
3 El Tomaten-Grundsauce (von S. 9)
1 Bund frisch gehacktes Basilikum
Salz, Pfeffer

Zubereitungszeit ca. 20 Minuten
Pro Portion ca. 221 kcal/929 kJ
6 g E, 16 g F, 5 g KH

Olivenöl erhitzen, Schalotte, Knoblauch und Tomaten darin anschmoren und köcheln. Essig, Rotwein und Brühe angießen. Mozzarella in Streifen schneiden und unterheben. Sauce leicht einkochen lassen. Mit Tomaten-Grundsauce andicken. Basilikum unterheben, Sauce würzen. Passt zu Lasagne, Gnocchi und Spaghetti.

Fussili mit Spargelsauce

Für 4 Portionen

500 g Fussili
Salz
750 g grüner Spargel
1 gewürfelte Zwiebel
2 El Butter
250 ml Sahne
3 gehäutete und gewürfelte Tomaten
250 g gekochte Putenbrust in Scheiben
je 1/2 Bund gehackte Petersilie und Basilikum
Pfeffer

Zubereitungszeit ca. 25 Minuten
Pro Portion ca. 584 kcal/2453 kJ
26 g E, 39 g F, 33 g KH

Fussili garen. Spargel putzen, unteres Drittel schälen und den Spargel in Salzwasser bissfest garen. Zwiebel in Butter andünsten. Sahne angießen und aufkochen. Tomaten einrühren und 10 Minuten köcheln. Putenbrust in Streifen und Spargel in Stücke schneiden, mit den Kräutern unterheben. Mit Pfeffer würzen und zur Pasta servieren.

Ravioli mit Flusskrebs-Sauce

Für 4 Portionen

500 g Ravioli
Salz
200 g frische geschälte Erbsen
2 Zucchini
2 Möhren
200 g Rucola
2 El Butter
300 g gekochte Flusskrebse
4 El Sahne
2 El Sherry
Pfeffer
1/2 Bund gehackter Dill

Zubereitungszeit ca. 30 Minuten
Pro Portion ca. 654 kcal/2747 kJ
36 g E, 12 g F, 97 g KH

Ravioli garen. Erbsen waschen und 5 Minuten kochen. Zucchini putzen, waschen und würfeln. Möhren schälen und reiben. Rucola waschen, trocknen und hacken. Zucchini und Möhren in Butter 5 Minuten dünsten. Erbsen, Rucola und Flusskrebse unterheben und 5 Minuten garen. Sauce mit den restlichen Zutaten abschmecken und zu den Ravioli reichen.

Tortellini mit Garnelensauce

Für 4 Portionen

500 g Tortellini
Salz
200 g Butter
1 fein gehackte Zwiebel
1/2 Tl Muskat
250 g gekochte geschälte Garnelen
3 El frisch gehackter Dill
schwarzer Pfeffer

Zubereitungszeit ca. 25 Minuten
Pro Portion ca. 715 kcal/3005 kJ
21 g E, 60 g F, 9 g KH

Tortellini in Salzwasser bissfest garen. Inzwischen 50 g Butter schmelzen, Zwiebel darin andünsten. Muskat zugeben und kurz mitdünsten. Restliche Butter unterrühren und Topf vom Herd nehmen. Garnelen fein hacken und unter die Sauce mischen. Mit Dill und Gewürzen abschmecken. Tortellini abgießen, abtropfen lassen und mit der Sauce servieren.

Gnocchi mit Ziegenkäsesauce

Die Gnocchi in Salzwasser bissfest garen. Inzwischen die Sahne in einem Topf aufkochen und leicht dicklich einkochen lassen. Den Ziegenkäse unter Rühren mit der Sahne mischen. Mortadella würfeln und zufügen. Schnittlauch und Nüsse unterheben und die Sauce mit Salz und Pfeffer abschmecken. Gnocchi abgießen, abtropfen lassen und mit der Sauce servieren.

Für 4 Portionen

500 g Gnocchi
Salz
250 ml Sahne
100 g Ziegenfrischkäse
100 g Mortadella
1 Bund gehackter Schnittlauch
2 El gehackte Walnüsse
weißer Pfeffer

Zubereitungszeit ca. 15 Minuten
Pro Portion ca. 625 kcal/2627 kJ
15 g E, 32 g F, 25 g KH

Kürbissauce

6 El Olivenöl
3 fein gehackte Knoblauchzehen
1/8 l Weißwein
600 g gekochtes und püriertes Kürbisfleisch
je 1/2 Bund gehackte Petersilie und Basilikum
Salz, Pfeffer

Zubereitungszeit ca. 20 Minuten
Pro Portion ca. 229 kcal/960 kJ
2 g E, 18 g F, 9 g KH

Knoblauch im erhitzten Öl andünsten. Mit Wein ablöschen und aufkochen, Kürbispüree unterrühren und 5 Minuten köcheln. Kräuter dazugeben und mit Salz und Pfeffer abschmecken. Passt zu Fussili.

Safran-Lauch-Sauce

1 El Butter
100 g in Ringe geschnittener Lauch
100 ml Weißwein
100 ml Sahne
100 ml Gemüsebrühe
1 g Safran
4 El geriebener Käse
Salz
schwarzer Pfeffer

Zubereitungszeit ca. 20 Minuten
Pro Portion ca. 125 kcal/525 kJ
1 g E, 10 g F, 3 g KH

Lauchringe in der heißen Butter 3 Minuten schmoren. Wein zugießen und einkochen lassen. Sahne und Brühe hinzufügen und 5 Minuten köcheln. Safran und Käse unterheben und mit Salz und Pfeffer würzen. Passt zu Fussili.

Nuss-Sauce

150 g Ricotta
125 ml Olivenöl
200 g gemahlene Haselnüsse
2 El frisch gehackter Majoran
75 g geriebener Pecorino
Salz
schwarzer Pfeffer

Zubereitungszeit ca. 10 Minuten
Pro Portion ca. 685 kcal/2877 kJ
15 g E, 68 g F, 6 g KH

Ricotta in den Mixer geben und nach und nach mit Olivenöl cremig rühren. Nüsse, Majoran und Pecorino dazugeben und mit Salz und Pfeffer abschmecken. Passt zu Tagliatelle und Bandnudeln.

Rote-Bete-Sauce

60 g Butter
300 g pürierte Rote Bete
200 g Ricotta
100 ml Sahne
100 g geriebener Parmesan
Salz
schwarzer Pfeffer

Zubereitungszeit ca. 15 Minuten
Pro Portion ca. 408 kcal/1712 kJ
16 g E, 35 g F, 8 g KH

Butter in einem Topf schmelzen und Rote-Bete-Püree darin andünsten. Ricotta und Sahne unterrühren und aufkochen. Parmesan unter Rühren zufügen, Sauce mit Salz und Pfeffer abschmecken. Passt zu Ravioli und Tortellini.

Makkaroni mit Hackfleischsauce

Für 4 Portionen

500 g Makkaroni
Salz
100 g gewürfelter Räucherspeck
je 2 gehackte Zwiebeln und Knoblauchzehen
2 Bund klein geschnittenes Suppengemüse
4 El Olivenöl
400 g gemischtes Hackfleisch
1 Dose Tomatenstücke (450 g)
2 El Tomatenmark
100 ml Rotwein
2 Tl getrocknete italienische Kräuter
Pfeffer, Paprika

Zubereitungszeit ca. 35 Minuten
Pro Portion ca. 1043 kcal/4380 kJ
35 g E, 58 g F, 91 g KH

Die Makkaroni in Salzwasser bissfest garen. Inzwischen Speck auslassen und Zwiebeln, Knoblauch und Suppengemüse darin andünsten. Öl in einer zweiten Pfanne erhitzen und das Hackfleisch darin anbraten. Tomatenstücke, Tomatenmark und Wein zufügen. Speckmischung zugeben und Sauce mit Kräutern und Gewürzen kräftig abschmecken. 20 Minuten stark kochen, bis die Sauce eindickt. Makkaroni abgießen, abtropfen lassen und mit der Sauce servieren.

Farfalle mit Chilisauce

Farfalle in Salzwasser garen. Chilischote waschen, putzen, entkernen und hacken. Zwiebeln und Knoblauch in Öl andünsten. Tomaten und Chili mitschmoren. Brühe angießen, 15 Minuten köcheln. Kräuter unterheben, mit Salz und Pfeffer abschmecken. Oliven in Scheiben schneiden und dazugeben. Farfalle abgießen und mit der Sauce anrichten.

Für 4 Portionen

500 g Farfalle
Salz
1 Chilischote
4 El Olivenöl
1 gehackte Zwiebel
1 gehackte Knoblauchzehe
500 g gewürfelte Fleischtomaten
125 ml Gemüsebrühe
1 Tl frisch gehackter Oregano
2 El gehackte Petersilie
Pfeffer
15 grüne Oliven

Zubereitungszeit ca. 25 Minuten
Pro Portion ca. 682 kcal/2864 kJ
23 g E, 25 g F, 92 g KH

Fettucini mit Champignonsauce

Fettucini in Salzwasser bissfest garen. Inzwischen das Öl erhitzen und die Zwiebel darin andünsten, Pilze zufügen und 5 Minuten mitschmoren. Sahne und Sojasauce einrühren und kurz köcheln. Sauce mit Salz und Pfeffer abschmecken. Fettucini abgießen, abtropfen lassen und mit der Sauce servieren.

Für 4 Portionen

500 g Fettucini
Salz
2 El Olivenöl
1 fein gehackte Zwiebel
750 g grob gehackte Champignons
200 ml Sahne
2 El Sojasauce
schwarzer Pfeffer

Zubereitungszeit ca. 20 Minuten
Pro Portion ca. 677 kcal/2843 kJ
22 g E, 25 g F, 89 g KH

Tagliatelle mit Spinat-Sahne-Sauce

Tagliatelle in Salzwasser bissfest garen. Inzwischen das Öl erhitzen und Zwiebel sowie Knoblauch andünsten. Spinat zugeben und zusammenfallen lassen. Sahne zugeben und etwas einkochen lassen. Käse unterheben. Würzen. Tagliatelle abgießen, abtropfen lassen und mit der Sauce servieren.

Für 4 Portionen

500 g Tagliatelle
Salz
2 El Olivenöl
1 gehackte Zwiebel
1 zerdrückte Knoblauchzehe
500 g frischer geputzter Spinat
200 ml Sahne
50 g geriebener Parmesan
Pfeffer
Muskat

Zubereitungszeit ca. 20 Minuten
Pro Portion ca. 725 kcal/3045 kJ
23 g E, 29 g F, 90 g KH

Für 4 Portionen

100 g getrocknete Tomaten
Salz
50 g Mandeln
60 g Pinienkerne
80 g geriebener Parmesan
1/2 Bund Petersilie
1 Bund Basilikum
Pfeffer
Zucker
1–2 El Aceto balsamico
400 g Spaghetti

Zubereitungszeit ca. 25 Minuten
Pro Portion ca. 605 kcal/2541 kJ
25 g E , 24 g F, 70 g KH

Rotes Tomatenpesto

1 Die Tomaten in kochendem Salzwasser ca. 5 Minuten kochen. Herausnehmen, abtropfen lassen und 150 ml Kochwasser beiseite stellen.

2 Mandeln und Pinienkerne in einer Pfanne ohne Fett goldbraun rösten. Mit Tomaten und Parmesan im Mixer fein pürieren, das Wasser nach und nach dazugießen.

3 Die Petersilie und das Basilikum waschen, trocknen, fein hacken und unter das Pesto mischen. Mit Salz, Pfeffer, Zucker und Aceto balsamico abschmecken.

4 Die Spaghetti bissfest garen. Abgießen, mit kaltem Wasser abschrecken und gut abtropfen lassen. Die Nudeln mit dem Pesto mischen, anrichten und servieren.

Für 4 Portionen

3 El Pinienkerne
3 Knoblauchzehen
1 großes Bund Basilikum
100 ml Olivenöl
Salz
50 g frisch geriebener Parmesan
400 g Rigatoni

Zubereitungszeit 20 Minuten
(plus Garzeit)
Pro Portion ca. 475 kcal/1995 kJ
12 g E, 28 g F, 45 g KH

Rigatoni al pesto

1 Die Pinienkerne in einer Pfanne ohne Fett rösten. Dann fein hacken. Die Knoblauchzehen schälen und ebenfalls sehr fein hacken. Das Basilikum waschen, trockenschütteln und mit einer Kräuterwiege wiegen.

2 Pienenkerne, Knoblauch und Basilikum miteinander mischen und langsam das Olivenöl dazugeben. Alles mit dem Handrührgerät glatt rühren, dann salzen.

3 Die Nudeln in kochendem Salzwasser bissfest garen, dann abgießen, abschrecken und abtropfen lassen.

4 Die Nudeln in eine erwärmte Pfanne geben und gut mit dem Pesto verrühren. Auf Teller verteilen und servieren.

Muschelsauce

24 Venusmuscheln
125 ml Weißwein
4 El Olivenöl
1 fein gehackte Knoblauchzehe
1/4 Tl gehackte Chilischote
2 El gehackte Petersilie
Salz
weißer Pfeffer
3 El helle Grundsauce (von S. 9)

Zubereitungszeit ca. 25 Minuten
Pro Portion ca. 595 kcal/2499 kJ
67 g E, 17 g F, 37 g KH

Muscheln in Weißwein kochen. Muscheln herausheben, aus den Schalen lösen und hacken. Sud durchsieben. Knoblauch und Chili im erhitzten Öl andünsten. Muscheln, Sud, helle Grundsauce und Petersilie zugeben und erhitzen. Würzen. Passt zu Spaghetti und Buccatini.

Thunfischsauce

2 El Olivenöl
2 gehackte Knoblauchzehen
200 g gehäutete und gewürfelte Tomaten
150 g Muscheln (Dose)
325 g Thunfisch (Dose)
Salz, Pfeffer
2 El gehackte Petersilie

Zubereitungszeit ca. 20 Minuten
Pro Portion ca. 273 kcal/1145 kJ
22 g E, 19 g F, 4 g KH

Knoblauch im heißen Öl andünsten und Tomaten darin 5 Minuten schmoren. Muscheln, Thunfisch und etwas Muschelflüssigkeit zugeben, aufkochen. Würzen und Petersilie unterrühren. Passt zu Spaghetti, Makkaroni und Penne.

Lachs-Sahne-Sauce

3 El Olivenöl
2 gehackte Knoblauchzehen
60 g gewürfelte schwarze Oliven
100 g Lachswürfel
100 ml Sahne
300 g pürierte Tomaten
Salz, Pfeffer
1/2 Tl gehackter Oregano
1 Tl gehackter Dill

Zubereitungszeit ca. 20 Minuten
Pro Portion ca. 253 kcal/1061 kJ
6 g E, 24 g F, 4 g KH

Olivenöl erhitzen und Knoblauch andünsten. Oliven und Lachs zugeben und 3 Minuten mitdünsten. Die Sahne unterrühren und das Tomatenpüree dazugeben. Aufkochen lassen und abschmecken. Passt zu Fussili.

Miesmuschel-Tomaten-Sauce

3 El Olivenöl
1 gehackte Zwiebel
1 gehackte Knoblauchzehe
4 gehäutete und gewürfelte Fleischtomaten
500 g gekochte Miesmuscheln ohne Schale
Salz
schwarzer Pfeffer

Zubereitungszeit ca. 25 Minuten
Pro Portion ca. 435 kcal/1827 kJ
50 g E, 16 g F, 22 g KH

Olivenöl erhitzen und Zwiebel sowie Knoblauch darin andünsten. Tomatenwürfel zugeben, würzen und köcheln, bis die Sauce eindickt. Muschelfleisch unterheben und heiß werden lassen. Passt zu Spaghetti und Tagliatelle.

Spaghettini mit Tofusauce

Für 4 Portionen

500 g Spaghettini, Salz
300 g rote und grüne Paprikawürfel
100 g gewürfelte Zwiebel
3 El Sonnenblumenöl
400 ml Gemüsebrühe
8 El Sojasauce
250 g gewürfelter Tofu
2 El Olivenöl
1 Bund gehacktes Basilikum
Pfeffer
3 El Tomaten-Grundsauce (von S. 9)

Zubereitungszeit ca. 30 Minuten
Pro Portion ca. 713 kcal/2995 kJ
28 g E, 25 g F, 91 g KH

Spaghettini in Salzwasser garen. Paprika- und Zwiebelwürfel in Öl andünsten. Brühe und Sojasauce angießen und 20 Minuten köcheln. Tofu im Olivenöl braten. Basilikum unter die Sauce heben, mit Tomaten-Grundsauce andicken und würzen. Tofu unterheben. Spaghettini abgießen, abtropfen lassen und mit der Sauce servieren.

Tagliatelle mit Salbeisauce

Für 4 Portionen

500 g Tagliatelle
Salz
1 Hand voll Salbeiblätter
2 El Butter
1/4 l Gemüsebrühe
150 g Mascarpone
80 g frisch geriebener Parmesan

Zubereitungszeit ca. 15 Minuten
Pro Portion ca. 519 kcal/2178 kJ
18 g E, 39 g F, 8 g KH

Tagliatelle in Salzwasser bissfest garen. Inzwischen die Salbeiblätter waschen und fein hacken. Butter in einem Topf schmelzen, Salbei darin schmoren. Mit der Brühe ablöschen. Mascarpone und Parmesan unter Rühren zufügen. Tagliatelle abgießen, abtropfen lassen und mit der Sauce servieren.

Makkaroni mit Fisch und Minze

Für 4 Portionen

500 g Makkaroni
1 gehackte Knoblauchzehe
3 El Olivenöl
2 gewürfelte Tomaten
15 g gehackte Minze
1 El Rotweinessig
2 El Tomaten-Grundsauce (von S. 9)
Salz, Pfeffer
500 g gewürfeltes Fischfilet (z. B. Schwertfisch)
1 Tl abgeriebene Orangenschale

Zubereitungszeit ca. 25 Minuten
Pro Portion ca. 677 kcal/2843 kJ
41 g E, 17 g F, 87 g KH

Pasta garen. Knoblauch im Öl andünsten. Tomaten zugeben und 15 Minuten köcheln. Minze, Essig und Tomaten-Grundsauce hinzufügen, mit Salz und Pfeffer abschmecken. Fischwürfel unterheben und 5 Minuten in der Sauce dünsten. Mit Orangenschale aromatisieren. Pasta abgießen, abtropfen lassen und mit der Sauce servieren.

Bandnudeln mit Zucchini-Salbei-Sauce

Bandnudeln in Salzwasser bissfest garen. Inzwischen das Olivenöl erhitzen und den Knoblauch darin glasig schmoren. Zucchini und Salbei zugeben und kurz mitschmoren. Brühe, Grundsauce und Wein angießen und etwas einkochen lassen. Pfefferkörner unterheben und mit Salz abschmecken. Bandnudeln abgießen, abtropfen lassen und mit der Sauce servieren.

Für 4 Portionen

500 g Bandnudeln
Salz
6 El Olivenöl
2 gehackte Knoblauchzehen
500 g halbierte und in Scheiben geschnittene Zucchini
6 in Streifen geschnittene Salbeiblätter
50 ml Gemüsebrühe
100 ml helle Grundsauce (von S. 9)
8 El trockener Weißwein
2 El eingelegter grüner Pfeffer

Zubereitungszeit ca. 25 Minuten
Pro Portion ca. 652 kcal/2738 kJ
18 g E, 23 g F, 91 g KH

Karottencreme

2 El Öl
4 gehackte Frühlingszwiebeln
500 g gewürfelte Möhren
200 ml Gemüsebrühe
60 g Crème fraîche
1 Prise Cayennepfeffer
Salz

Zubereitungszeit ca. 20 Minuten
Pro Portion ca. 144 kcal/606 kJ
2 g E, 12 g F, 7 g KH

Öl erhitzen und Zwiebeln darin andünsten. Möhren zugeben und kurz schmoren. Mit Brühe aufgießen und weich kochen. Möhren pürieren, Crème fraîche unterrühren und mit Salz und Cayennepfeffer abschmecken. Passt zu Spaghettini und gebackenen Nudelnestern.

Rosinen-Öl-Sauce

125 ml Olivenöl
4 in Scheiben geschnittene Knoblauchzehen
50 g gehackte Pinienkerne
50 g gewaschene Rosinen
3 El gehackte Petersilie

Zubereitungszeit ca. 15 Minuten
Pro Portion ca. 388 kcal/1628 kJ
4 g E, 38 g F, 10 g KH

Den Knoblauch im heißen Öl glasig schmoren, Pinienkerne zufügen und mitbraten, Rosinen und Petersilie unterheben. Passt zu Spaghetti und Makkaroni.

Orangen-Meerrettich-Sauce

Saft von 1 Orange
300 g saure Sahne
5 El Öl
8 El Tomatenmark
4 El Weinbrand
2 Tl frisch geriebener Meerrettich
Salz, Pfeffer
Cayennepfeffer

Zubereitungszeit ca. 10 Minuten
Pro Portion ca. 255 kcal/1071 kJ
3 g E, 23 g F, 7 g KH

Orangensaft, saure Sahne, Öl, Tomatenmark, Weinbrand und Meerrettich gut verrühren. Mit den Gewürzen pikant abschmecken. Passt zu überbackenen und gebratenen Nudeln.

Meeresfrüchtesauce

4 El Olivenöl
250 g aufgetaute TK-Meeresfrüchte
1 gewürfelte Zwiebel
2 gehackte Knoblauchzehen
1/2 Bund gehackter Estragon
200 ml Weißwein
400 ml Hummerfond
1/4 Tl abgeriebene Limettenschale
2 El Sahne
2 El braune Grundsauce (von S. 9)
Salz, Pfeffer

Zubereitungszeit ca. 25 Minuten
Pro Portion ca. 247 kcal/1037 kJ,
8 g E, 19 g F, 5 g KH

Öl erhitzen und Meeresfrüchte, Zwiebel und Knoblauch darin 3 Minuten schmoren. Estragon unterheben und mit Wein und Hummerfond aufgießen. Etwas einkochen lassen. Limettenschale und Sahne unterrühren und mit brauner Grundsauce andicken. Würzen. Passt zu Muschelnudeln und schwarzen Bandnudeln.

Rigatoni mit Lebersauce

Für 4 Portionen

500 g Rigatoni
Salz
50 g Butter
2 gehackte Zwiebeln
300 g Rinderleber
2 El Mehl
1 Lorbeerblatt
1 Salbeiblatt
125 ml Rotwein
1 El frisch gehackter Thymian
Pfeffer

Zubereitungszeit ca. 20 Minuten
Pro Portion ca. 682 kcal/2864 kJ
23 g E, 22 g F, 89 g KH

Rigatoni in Salzwasser bissfest garen. Inzwischen die Butter in einer Pfanne erhitzen und Zwiebeln darin andünsten. Leber waschen, trocknen und würfeln. Mit Mehl bestäuben und mit Lorbeer und Salbei zu den Zwiebeln geben. Unter Rühren gut anbraten, Rotwein angießen und alles etwa 4 Minuten köcheln. Lorbeer und Salbei entfernen, Thymian einrühren. Die Sauce mit Salz und Pfeffer abschmecken. Rigatoni abgießen, abtropfen lassen und mit der Sauce servieren.

Ravioli mit Tomatensauce

Die Ravioli in Salzwasser bissfest garen. Inzwischen die Butter in einem Topf erhitzen, die Schalotten darin anschmoren. Tomaten dazugeben und alles etwa 10 Minuten schmoren. Mit Salz und Pfeffer abschmecken. Zuletzt das Basilikum untermischen. Ravioli abgießen, abtropfen lassen und mit der Sauce servieren.

Für 4 Portionen

500 g Ravioli

Salz

100 g Butter

5 fein gehackte Schalotten

700 g gehäutete entkernte und gewürfelte Tomaten

schwarzer Pfeffer

3 El frisch gehacktes Basilikum

Zubereitungszeit ca. 25 Minuten
Pro Portion ca. 550 kcal/2312 kJ
10 g E, 38 g F, 26 g KH

Schwarze Nudeln mit Sardellensauce

Die Nudeln in Salzwasser bissfest garen. Inzwischen die Sardellen mit Öl, Knoblauch und Zitronenschale pürieren. Butter zerlassen und langsam unterrühren. Nach Geschmack mit Pfeffer, Worcestersauce und Dill würzen. Nudeln abgießen, abtropfen lassen und mit der Sauce servieren.

Für 4 Portionen

500 g schwarze Nudeln

Salz

50 g Sardellenfilets in Öl

1 zerdrückte Knoblauchzehe

abgeriebene Schale von 1 unbehandelten Zitrone

100 g Butter

schwarzer Pfeffer

Worcestersauce

4 El frisch gehackter Dill

Zubereitungszeit ca. 15 Minuten
Pro Portion ca. 481 kcal/2018 kJ
10 g E, 38 g F, 9 g KH

Sagnanelli mit Käse-Sahne-Sauce

Sagnanelli in Salzwasser bissfest garen. Inzwischen das Eigelb mit der Sahne verrühren und unter die helle Sauce rühren. Erhitzen, aber nicht kochen. Durch ein Sieb passieren, Käse einrühren und schmelzen lassen. Mit Gewürzen abschmecken. Nudeln abgießen, abtropfen lassen und mit der Sauce verrühren.

Für 4 Portionen

500 g Sagnanelli

Salz

1 Eigelb

100 ml Schlagsahne

1/2 l helle Grundsauce (s. Seite 9)

je 75 g geriebener Parmesan und Gruyère

1 El Zitronensaft

Pfeffer

Muskat

Zubereitungszeit ca. 20 Minuten
Pro Portion ca. 783 kcal/3288 kJ
19 g E, 29 g F, 99 g KH

Paprikasauce

2 El Olivenöl
1 gehackte Zwiebel
je 1 rote und grüne fein geschnittene Paprikaschote
4 Eier
Salz
weißer Pfeffer
1 Prise Cayennepfeffer

Zubereitungszeit ca. 20 Minuten
Pro Portion ca. 169 kcal/709 kJ
9 g E, 13 g F, 4 g KH

Olivenöl erhitzen und Zwiebeln und Paprika 5 Minuten darin schmoren. Eier mit den Gewürzen verquirlen. Paprikamischung und Eier vermischen und über die heißen Nudeln geben. Passt zu Farfalle.

Thymian-Sahne-Sauce

2 El Butter
1 gehackte Zwiebel
1 gehackte Knoblauchzehe
1/2 El Mehl
125 ml Weißwein
125 ml Milch
250 g Schlagsahne
1/2 Bund gehackter Thymian
Salz
weißer Pfeffer
1 Prise Cayennepfeffer
1 Tl Zitronensaft

Zubereitungszeit ca. 20 Minuten
Pro Portion ca. 275 kcal/1155 kJ
3 g E, 24 g F, 7 g KH

Butter schmelzen und Zwiebel sowie Knoblauch andünsten. Mehl zugeben, anschwitzen und mit Wein ablöschen. Milch und Sahne zugeben. 10 Minuten köcheln. Thymian unterheben. Würzen und mit Zitrone abschmecken. Passt zu Ravioli.

Gorgonzolasauce

250 ml Sahne
125 ml Gemüsebrühe
125 g Gorgonzola
1/4 Tl schwarzer Pfeffer
1 El Cognac

Zubereitungszeit ca. 20 Minuten
Pro Portion ca. 303 kcal/1270 kJ
8 g E, 29 g F, 3 g KH

Sahne und Brühe in einem Topf aufkochen und um ein Drittel reduzieren. Gorgonzola zugeben und unter Rühren schmelzen. Mit Pfeffer und Cognac abschmecken. Passt zu Tortellini, Gnocchi und Spaghetti.

Ricottasauce

1 El Olivenöl
1 fein gehackte Knoblauchzehe
2 gehackte Frühlingszwiebeln
8 grüne gehackte Oliven
250 g Ricotta
150 g Frischkäse
2 El frisch gehackter Kerbel
Salz
schwarzer Pfeffer
Muskat

Zubereitungszeit ca. 15 Minuten
Pro Portion ca. 318 kcal/1334 kJ
12 g E, 28 g F, 5 g KH

Öl erhitzen und Knoblauch darin 5 Minuten schmoren. Abkühlen lassen und mit den anderen Zutaten vermischen. Passt zu Nudelsalaten.

Saucen für Gemüse

Nicht nur zur Erntezeit ist Hochsaison im Saucentopf: marktfrisches Gemüse und feine Saucen gehen immer eine gute Verbindung ein. Lassen Sie sich inspirieren von sahnigen, milden, pikanten und exotischen Saucenkompositionen, die den zarten Eigengeschmack von jungem Gemüse perfekt unterstreichen. Auch Liebhaber der kalten Küche kommen hier auf ihre Kosten, aromatische Dips laden zum vollendeten Rohkost-Genuss ein.

Knoblauch-Kartoffel-Sauce

2 Knoblauchzehen
1 Tl Salz
125 g gekochte Kartoffeln
1 Eigelb
250 ml Sahne
Olivenöl
Pfeffer
2 El Zitronensaft

Zubereitungszeit ca. 25 Minuten
Pro Portion ca. 298 kcal/1250 kJ
5 g E, 26 g F, 3 g KH

Den Knoblauch schälen und mit dem Salz zerdrücken. Kartoffeln schälen und würfeln. Knoblauch und Kartoffeln im Mixer pürieren. Nach und nach Eigelb und Sahne hinzufügen. Nur so viel Öl, wie die Kartoffeln aufnehmen können, dazugießen. Mit Salz, Pfeffer und Zitronensaft abschmecken. Passt zu Zucchini.

Linsensauce mit Avocado

75 g gewaschene rote Linsen
1 geschälte und gewürfelte Avocado
3 El Olivenöl
100 ml Weißwein
250 ml Gemüsebrühe
1 Tl Pesto
Saft und Schale von 1 unbehandelten Zitrone
3 El Tomaten-Grundsauce (von S. 9)
Kurkuma
Salz, Pfeffer

Zubereitungszeit ca. 20 Minuten
Pro Portion ca. 260 kcal/1092 kJ
6 g E, 19 g F, 13 g KH

Linsen und Avocado im heißen Öl anschmoren. Wein und Brühe angießen, 15 Minuten köcheln. Pesto und Zitrone zugeben und mit Tomaten-Grundsauce andicken. Würzen. Passt zu Schwarzwurzeln.

Sektsauce

150 g gewaschene Himbeeren
200 ml Gemüsebrühe
2 El Zitronensaft
200 ml Sekt
1/2 Bund gehackte Zitronenmelisse
3 El Sauce Hollandaise (von S. 10)
Salz
Zitronenpfeffer

Zubereitungszeit ca. 20 Minuten
Pro Portion ca. 80 kcal/336 kJ
2 g E, 2 g F, 5 g KH

100 g Himbeeren in der Gemüsebrühe garen, pürieren, dann mit Zitronensaft und Sekt verrühren. Sauce etwas einkochen. Zitronenmelisse zugeben und mit Sauce Hollandaise andicken. Restliche Beeren einrühren und mit Salz und Pfeffer abschmecken. Passt zu grünem Spargel.

Parmasauce

3 El Olivenöl
2 gehackte Schalotten
120 g in Streifen geschnittener Parmaschinken
200 ml Rotwein
200 ml Rinderfond
1/2 Bund gehacktes Basilikum
170 g Blauschimmelkäse
3 El braune Grundsauce (von S. 9)
Salz, Pfeffer

Zubereitungszeit ca. 25 Minuten
Pro Portion ca. 400 kcal/1680 kJ
16 g E, 32 g F, 4 g KH

Schalotten im heißen Öl andünsten. Schinken zugeben und mitschmoren. Wein und Fond angießen und etwa 20 Minuten köcheln. Basilikum mit zerdrücktem Käse in die Sauce geben. Mit brauner Grundsauce andicken und würzen. Passt zu Wirsing.

Für 4 Portionen

4 Artischocken
5 El Zitronensaft
Salz
je 8 Blätter gehackte Minze und Zitronenmelisse
1/2 Bund gehacktes Basilikum
200 ml Sahne
3 El helle Grundsauce (von S. 9)

Zubereitungszeit ca. 45 Minuten
Pro Portion ca. 210 kcal/882 kJ
8 g E, 16 g F, 11 g KH

Artischocken mit Zitronensauce

Artischockenstiele abschneiden, Schnittflächen mit 1 El Zitronensaft einreiben, in Salzwasser 40 Minuten garen und abtropfen lassen. Kräuter mit restlichem Zitronensaft mischen und 20 Minuten ziehen lassen. Saft abgießen und unter Rühren mit der Sahne mischen. Die Sahne mit heller Grundsauce andicken und erwärmen, nicht kochen. Die Kräuter unterheben.

Fleischsauce

Zwiebeln und Knoblauch in Kräuterbutter andünsten. Fleisch zugeben und anbraten. Kalbsfond angießen, Sauce etwas einkochen. Crème fraîche unterrühren. Mit brauner Grundsauce andicken. Würzen.

Für 4 Portionen

2 gewürfelte Zwiebeln
1 fein gehackte Knoblauchzehe
2 El Kräuterbutter
100 g gewürfelter Schweinebraten
350 ml Kalbsfond
1/2 Bund gehackter Salbei
2 EL Crème fraîche
3 El braune Grundsauce (von S. 9)
Salz Pfeffer

Zubereitungszeit ca. 20 Minuten
Pro Portion ca. 211 kcal/887 kJ
14 g E, 14 g F, 7 g KH

Pfeffersauce

Tartar in Öl anbraten. Pfefferkörner und Brühe zugeben. Etwas einkochen, Kräuter und Crème double unterrühren. Mit brauner Grundsauce andicken. Würzen.

Für 4 Portionen

100 g Tartar
2 El Knoblauchöl
1 El grüne Pfefferkörner
400 ml Fleischbrühe
je 1/2 Bund gehackter Thymian und Majoran
2 El Crème double
3 El braune Grundsauce (von S. 9)
Salz, Pfeffer

Zubereitungszeit ca. 25 Minuten
Pro Portion ca. 153 kcal/643 kJ
10 g E, 8 g F6 g KH

Süß-saure Sauce

Papaya, Limettensaft und -schale mit Aprikosensaft erhitzen und Kurkuma einrühren. Sauce 10 Minuten einkochen. Koriander und Pistazien unterheben und mit heller Grundsauce andicken. Würzen.

Für 4 Portionen

1 geschälte und gewürfelte Papaya
Saft abgeriebene Schale von 1 Limette
350 ml Aprikosensaft
1 Tl Kurkuma
1/2 Bund gehackter Koriander
3 El gehackte Pistazien
3 El helle Grundsauce (von S. 9)
Salz, Pfeffer

Zubereitungszeit ca. 20 Minuten
Pro Portion ca. 445 kcal/1868 kJ
30 g E, 20 g F34 g KH

Glasierte Möhren mit pikanter Sauce

Für 4 Portionen

1 kg Möhren mit Grün
Salz
100 g Zucker
1 El Zitronensaft
2 hart gekochte Eier
1 Schalotte
2 Cornichons
40 g Kapern
1 Tl süßer Senf
1/2 Bd Petersilie, gehackt
150 g Creme fraîche
Pfeffer aus der Mühle

Zubereitungszeit ca. 40 Minuten
Pro Portion ca. 269 kcal/1132 kJ
7 g E, 5 g F, 45 g KH

1 Die Möhren putzen, waschen, das Grün bis auf ca. 1 cm abschneiden, etwas Grün beiseite legen. Die Möhren in leicht gesalzenem Wasser ca. 8 Minuten kochen und anschließend abtropfen lassen.

2 Zucker in einer Pfanne schmelzen lasen, Zitronensaft und ca. 80 ml Wasser hineingießen. Die Möhren kurz darin schwenken.

3 Eier pellen und fein hacken. Die Schalotten schälen und in Würfel schneiden. Die Cornichons in kleine Würfel schneiden. Die Kapern fein hacken. Alles mit Senf, Petersilie und Crème fraîche verrühren. Mit Salz und Pfeffer abschmecken. Die Möhren und die Sauce mit Möhrengrün garniert anrichten.

Frittierte Möhren mit Dip

Für 4 Portionen

1,5 kg mittelgroße Möhren
Salz
1 Prise Zucker
300 g Mehl
500 ml Öl
500 g Vollmilchjoghurt
1 kleine Fenchelknolle

Zubereitungszeit: ca. 20 Minuten
(plus Frittierzeit)
Pro Portion: ca. 335 kcal/1407 kJ
12 g E, 3 g F, 64 g KH

1 Die Möhren putzen, waschen, schälen und in größere Stifte schneiden. In kochendem Salzwasser etwa 15 Minuten blanchieren und in kaltem Wasser abschrecken.

2 Das Mehl mit 250 ml Wasser und einer Prise Zucker verrühren. Das Öl in einem Topf erhitzen.

3 Die Möhren einzeln in den Teig tauchen und anschließend im heißen Öl frittieren.

4 Frittierte Möhren auf Küchenpapier abtropfen lassen. Den Fenchel putzen, waschen und mit dem Grün sehr fein hacken.

5 Den Joghurt mit Salz und 2 El gehacktem Fenchel verrühren und mit den Möhren anrichten.

Sherrysauce

1 gehackte Zwiebel
2 zerdrückte Knoblauchzehen
2 El Olivenöl
200 ml Sherry
200 ml Pilzfond
3 El Tomaten-Grundsauce (von S. 9)
2 El Crème fraîche
Salz, Pfeffer
Paprikapulver
1/2 Bund gehackte Petersilie

Zubereitungszeit ca. 15 Minuten
Pro Portion ca. 147 kcal/616 kJ
1 g E, 9 g F, 3 g KH

Zwiebeln und Knoblauch im heißen Öl anschmoren. Pilzfond und Sherry angießen und etwas einkochen lassen. Mit Tomatengrundsauce andicken und mit Crème fraîche und den Gewürzen abschmecken. Petersilie unterheben. Passt zu Chinakohl.

Kressesauce

2 El Butter
2 gewürfelte Möhren
1 gehackte Zwiebel
1 El Sojasauce
100 ml Weißwein
200 ml Kalbsfond
3 hart gekochte gewürfelte Eier
3 El helle Grundsauce (von S. 9)
1 Kästchen Kresse
Salz, Pfeffer

Zubereitungszeit ca. 20 Minuten
Pro Portion ca. 173 kcal/727 kJ
12 g E, 11 g F, 4 g KH

Butter erhitzen und Möhren sowie Zwiebel darin andünsten. Sojasauce, Wein und Kalbsfond zugeben und köcheln. Sauce pürieren und Eier unterrühren. Mit heller Grundsauce verfeinern und Kresse unterheben. Würzen. Passt zu Zuckerschoten und grünen Bohnen.

Sauce Mornay

El Béchamelsauce (von S. 10)
00 g Sahne
0 g frisch geriebener Emmentaler
0 g frisch geriebener Parmesan
5 g kalte Butter

ubereitungszeit ca. 15 Minuten
o Portion ca. 203 kcal/852 kJ
g E, 19 g F, 2 g KH

échamelsauce nach Grundrezept zubereiten. Sahne zugeben nd die beiden Käsesorten unter Rühren darin schmelzen lassen. ie kalte Butter in Flöckchen unterrühren, bis die Sauce cremig ist. asst zu Brokkoli, Spargel und Schwarzwurzeln.

räutersauce

gehackte Zwiebeln
zerdrückte Knoblauchzehen
El Butter
2 Bund gehackte Kräuter
El Senf
0 ml Gemüsebrühe
El helle Grundsauce (von S. 9)
El Crème fraîche
lz, Pfeffer
ronensaft

ereitungszeit ca. 15 Minuten
Portion ca. 97 kcal/408 kJ
E, 8 g F, 4 g KH

iebeln und Knoblauch in der heißen Butter andünsten. Kräuter dünsten. Senf und Gemüsebrühe zufügen und etwas einkochen. heller Grundsauce verfeinern, Crème fraîche einrühren, würzen mit Zitronensaft abschmecken. Passt zu Karotten.

Chilisauce

Für 4 Portionen

2 El Maismehl
150 ml Milch
150 ml Gemüsebrühe
3 gehackte Jalapeno-Chilis
40 g geriebener Emmentaler
3 El Tomaten-Grundsauce (von S. 9)
1 El gehacktes Basilikum
Salz, Pfeffer

Zubereitungszeit ca. 20 Minuten
Pro Portion ca. 148 kcal/620 kJ
9 g E, 9 g F, 9 g KH

Mehl mit etwas Milch glatt rühren. Restliche Milch und die Brühe erhitzen und mit der angerührten Milch andicken. Chilis, Käse und Tomaten-Grundsauce zugeben. Aufkochen und mit Basilikum und Gewürzen mischen. Passt zu gefüllten Paprikaschoten.

Pimentsauce

Für 4 Portionen

Salz
500 ml Hühnerbrühe
2 El Maismehl
1/2 Tl Pimentpulver
gemahlene Muskatnuss
Salz, Pfeffer
2 El Zitronensaft
3 El helle Grundsauce (von S. 9)
je 1/2 Bund gehackte Petersilie und Koriander

Zubereitungszeit ca. 20 Minuten
Pro Portion ca. 668 kcal/2804 kJ
30 g E, 35 g F, 58 g KH

Hühnerbrühe aufkochen, mit dem Maismehl verrühren und etwas einkochen. Die Gewürze einrühren. Mit heller Grundsauce andicken und Kräuter unterheben. Passt zu Lauch.

Safransauce

Für 4 Portionen

2 gewürfelte Zwiebeln
2 gehackte Knoblauchzehen
2 El Olivenöl
250 g Paprikawürfel
100 g gehackte Mandeln
400 ml Gemüsebrühe
1/2 Tl Safran
3 El helle Grundsauce (von S. 9)
Tabasco
Salz

Zubereitungszeit ca. 25 Minuten
Pro Portion ca. 308 kcal/1292 kJ
9 g E, 27 g F, 8 g KH

Zwiebeln und Knoblauch im Olivenöl andünsten. Paprika zugeben und mitschmoren. Mandeln und Brühe zufügen, 20 Minuten köcheln. Safran und helle Grundsauce einrühren, mit Tabasco und Salz abschmecken. Passt zu Spinat.

Schnittbohnen mit Asia-Sauce

Bohnen waschen, putzen, in ca. 3 cm lange Stücke schneiden und in Salzwasser garen, abtropfen lassen. Frühlingszwiebeln in heißem Öl andünsten, Hühnerbrust zugeben und anbraten. Abgetropfte Pilze kurz mitschmoren. Brühe, Pilzeinweichwasser und Reiswein unterrühren und etwas einkochen lassen. Mit Tomaten-Grundsauce andicken und mit Salz, Pfeffer und Sojasauce würzen.

Für 4 Portionen

500 g grüne Bohnen, Salz
3 El Olivenöl
3 in Ringe geschnittene Frühlingszwiebeln
200 g in Streifen geschnittene Hühnerbrust
15 g eingeweichte chinesische Pilze
300 ml Hühnerbrühe
5 El Reiswein
3 El Tomaten-Grundsauce (von S. 9)
Pfeffer
süße Sojasauce

Zubereitungszeit ca. 20 Minuten
Pro Portion ca. 295 kcal/1238 kJ
6 g E, 21 g F, 12 g KH

Weinsauce

1 El Butter
2 gehackte Schalotten
3/8 l trockener Riesling
125 g kalte Butter
Salz
weißer Pfeffer
etwas Cayennepfeffer
Worcestersauce

Zubereitungszeit ca. 20 Minuten
Pro Portion ca. 330 kcal/1386 kJ
1 g E, 28 g F, 4 g KH

Butter erhitzen und Schalotten darin andünsten. Mit Wein aufgießen und etwas einkochen lassen. Die kalte Butter mit dem Schneebesen kräftig unterrühren, bis die Sauce cremig wird. Mit den Gewürzen und Worcestersauce abschmecken. Passt zu Chicorée.

Tomatensauce

2 gehackte Zwiebeln
2 gehackte Knoblauchzehen
2 El Olivenöl
150 ml Weißwein
200 ml Hühnerfond
2 El Obstessig
1 Tl gehackter Oregano
1 Tl gehacktes Basilikum
3 El Tomaten-Grundsauce (von S. 9)
Salz, Pfeffer
Cayennepfeffer
Zucker

Zubereitungszeit ca. 20 Minuten
Pro Portion ca. 190 kcal/800 kJ
10 g E, 9 g F, 11 g KH

Zwiebeln und Knoblauch im heißen Öl andünsten. Wein, Fond, Essig und Kräuter zugeben. Etwas einkochen, mit Tomaten-Grundsauce andicken. Mit Gewürzen und Zucker abschmecken. Passt zu Auberginen und Zucchini.

Tomaten-Chili-Sauce

1/2 Bund gehackte Frühlingszwiebeln
2 El Knoblauchbutter (FP)
100 g gewürfeltes Hähnchenbrustfilet
1 fein gehackte rote Chilischote
100 ml Weißwein
300 ml Geflügelfond
3 El Tomaten-Grundsauce (von S. 9)
Salz, Pfeffer

Zubereitungszeit ca. 20 Minuten
Pro Portion ca. 162 kcal/678 kJ
11 g E, 10 g F, 3 g KH

Frühlingszwiebeln in der heißen Butter andünsten. Hähnchenfleisch und Chili zugeben und gut durchbraten. Weißwein und Fond angießen und etwas einkochen lassen. Mit Tomaten-Grundsauce andicken und würzen. Passt zu Mangold.

Limettensauce

225 g Joghurt
150 g Crème fraîche
125 ml Gemüsebrühe
1 El Mehl
geriebene Schale und Saft von 1 Limette
Salz, Pfeffer

Zubereitungszeit ca. 15 Minuten
Pro Portion ca. 170 kcal/714 kJ
3 g E, 15 g F, 5 g KH

Joghurt und Crème fraîche in einem Topf erhitzen, Gemüsebrühe und Mehl einrühren und erwärmen, bis die Sauce andickt. Limettensaft und -schale zugeben und mit Salz und Pfeffer abschmecken. Passt zu Spitzkohl.

Brokkoli mit Eigelb-Zitronen-Sauce

Für 4 Portionen

700 g Brokkoli
Salz
125 ml Gemüsebrühe
Saft von 3 Zitronen
abgeriebene Schale von 1 unbehandelten Zitrone
3 Eigelb
Saucenbinder
schwarzer Pfeffer
100 ml helle Grundsauce (von. S. 9)

Zubereitungszeit ca. 25 Minuten
Pro Portion ca. 137 kcal/575 kJ
9 g E, 6 g F, 11 g KH

Brokkoli putzen, waschen und in Röschen teilen, anschließend in Salzwasser bissfest garen und abtropfen lassen. Die Gemüsebrühe aufkochen. Zitronensaft und Zitronenschale in die Brühe rühren und aufkochen. Eigelb verquirlen und in dünnem Strahl zugeben, etwas Saucenbinder unter Rühren in die Sauce geben. Sauce mit der Grundsauce verfeinern, vom Herd nehmen und würzen.

Möhrensauce

Kurkuma und Koriander in 4 El heißem Öl anschmoren. Möhren und Honig zugeben und bräunen. Brühe und Wein angießen und 20 Minuten köcheln. Sauce pürieren und in einem Topf aufkochen. Koriandergrün und Chili einrühren und abschmecken. Restliches Öl mit Zitronensaft unterheben. Passt zu Blumenkohl und Schwarzwurzeln.

Für 4 Portionen

1 Tl Kurkuma
1 Tl gemahlener Koriander
6 El Olivenöl
350 g gehackte Möhren
1 El Honig
200 ml Gemüsebrühe
200 ml Weißwein
2 El gehacktes Koriandergrün
1/2 Tl Chili
Salz, Pfeffer
3 El Zitronensaft

Zubereitungszeit ca. 25 Minuten
Pro Portion ca. 239 kcal/1001 kJ
1 g E 20 g F 7 g KH

Wermutsauce

Den Speck in der heißen Butter auslassen, die Zwiebel darin andünsten, die Möhre kurz mitschmoren. Wermut und Brühe angießen und 15 Minuten köcheln. Kräuter unterheben und mit brauner Grundsauce andicken. Mit Salz und Pfeffer abschmecken. Passt zu Chicorée.

Für 4 Portionen

50 g in Streifen geschnittener Frühstücksspeck
2 El Butter
1 gehackte Frühlingszwiebel
1 gewürfelte Möhre
200 ml trockener Wermut
200 ml Rinderbrühe
je 1/2 Bund gehacktes Basilikum und Thymian
3 El braune Grundsauce (von S. 9)
Salz, Pfeffer

Zubereitungszeit ca. 20 Minuten
Pro Portion ca. 168 kcal/705 kJ
5 g E 8 g F 9 g KH

Erbsensauce

Die gewaschenen Erbsen in Brühe und Fond weich kochen, anschließend pürieren. Die Kräuter waschen, trocknen und fein hacken. Unter das Püree rühren und mit der weißen Buttersauce verfeinern. Mit den Gewürzen abschmecken. Passt zu Pilzen und Kohlrabi.

Für 4 Portionen

200 g gelbe Erbsen
400 ml Gemüsebrühe
200 ml Pilzfond
1/2 Bund Petersilie und Thymian
3 El weiße Buttersauce (von S. 11)
Salz, Pfeffer
gemahlene Muskatnuss

Zubereitungszeit ca. 25 Minuten
Pro Portion ca. 107 kcal/448 kJ
4 g E, 6 g F 9 g KH

Kurkumasauce

2 gehackte Zwiebeln
3 gehäutete, gehackte Tomaten
2 El Öl
100 g gemahlene Cashewkerne
1 Tl Kurkuma
1 Tl Chili
1 Tl gemahlener Koriander
1 Tl Salz
100 g Vollmilchjoghurt
1/2 l Gemüsebrühe

Zwiebeln und Tomaten im heißen Öl andünsten. Cashewkerne und Gewürze mit dem Joghurt verrühren und zugeben. Mit Brühe auffüllen und 10 Minuten köcheln. Passt zu Blumenkohl und Okra.

Zubereitungszeit ca. 10 Minuten
Pro Portion ca. 231 kcal/968 kJ
7 g E, 17 g F, 13 g KH

Zwiebelsauce

300 g gehackte Zwiebeln
5 El Butter
3 El Béchamelsauce (von S. 10)
3 El Crème double
Salz, Pfeffer
gemahlene Muskatnuss
Zitronensaft nach Geschmack

Zubereitungszeit ca. 30 Minuten
Pro Portion ca. 140 kcal/587 kJ
1 g E, 13 g F, 5 g KH

Die Zwiebeln in heißer Butter 10 Minuten glasig dünsten. Die Béchamelsauce erhitzen und zu den Zwiebeln geben. Aufkochen und 20 Minuten köcheln lassen. Sauce pürieren und Crème double einrühren, bis die Sauce andickt. Mit Gewürzen und Zitrone abschmecken. Passt zu überbackenem Gemüse.

Mandelsauce

1 gehackte Schalotte
100 g gehackte Mandeln
1 El Butter
125 ml Weißwein
250 ml Gemüsebrühe
1 Tl Curry
3 El helle Grundsauce (von S. 9)
2 El Crème fraîche
Salz, Pfeffer
gemahlener Kreuzkümmel
Zitronensaft

Zubereitungszeit ca. 15 Minuten
Pro Portion ca. 227 kcal/951 kJ
5 g E, 19 g F, 4 g KH

Schalotte und Mandeln in der heißen Butter andünsten. Mit Weißwein und Brühe auffüllen. Etwas einkochen, Curry einrühren. Mit heller Grundsauce andicken und mit den restlichen Zutaten abschmecken. Passt zu Blumenkohl und Kohlrabi.

Biersauce

4 Eigelb
Salz
3/8 l Altbier
schwarzer Pfeffer
Cayennepfeffer
etwas Zitronensaft

Zubereitungszeit ca. 10 Minuten
Pro Portion ca. 158 kcal/664 kJ
4 g E, 7 g F, 15 g KH

Eigelb mit etwas Salz schaumig schlagen und in ein heißes, nicht kochendes Wasserbad stellen. Unter Rühren das Bier einfließen lassen, bis eine dickcremige Sauce entstanden ist. Die Sauce mit den Gewürzen und Zitronensaft abschmecken. Passt zu Paprika, Zucchini und Auberginen.

Gurke mit Spinatsauce

Für 4 Portionen

4 Gurken
2 El Butter
1 gehackte Zwiebel
2 zerdrückte Knoblauchzehen
2 El Olivenöl
100 g in Streifen geschnittener Spinat
100 g gewürfelter Schafskäse
400 ml Gemüsebrühe
2 El Zitronensaft
3 El Tomaten-Grundsauce (von S. 9)
Salz Pfeffer
Chilipulver
1 Tl gehackter Oregano

Zubereitungszeit ca. 25 Minuten
Pro Portion ca. 159 kcal/668 kJ
7 g E 12 g F, 8 g KH

Gurken putzen waschen und klein schneiden, anschließend in der Butter dünsten und salzen. Inzwischen Zwiebel und Knoblauch im heißen Öl andünsten. Spinat und Schafskäse kurz mitschmoren. Brühe zugießen und etwas einkochen. Zitronensaft hinzufügen und mit Tomaten-Grundsauce andicken. Mit Gewürzen und Oregano abschmecken. Gurken mit der Sauce anrichten und servieren.

Champignons mit Kräuter-Joghurt-Sauce

Die Champignons putzen und sauber bürsten, anschließend in Scheiben hobeln. Die Mayonnaise mit dem Joghurt und der Sahne verrühren. Die Eier schälen und klein hacken. Eier mit den Kräutern unter die Mayonnaise rühren. Schalotte sehr fein würfeln und alles miteinander verrühren. Die Sauce mit Salz, Pfeffer und Zucker abschmecken und über die Champignons verteilen.

Für 4 Portionen

300 g Champignons
100 g Mayonnaise
100 g Joghurt
50 ml Sahne
3 hart gekochte Eier
2 Bund gehackte gemischte Kräuter
1 Schalotte
Salz, Pfeffer
1 Prise Zucker

Zubereitungszeit ca. 20 Minuten
Pro Portion ca. 329 kcal/1383 kJ
10 g E, 31 g F, 4 g KH

Gekochte Artischocken

1 Die Artischocken waschen und abtropfen lassen. Die Stiele abschneiden. Gesalzenes Wasser zum Kochen bringen, etwas Zitronensaft hineinträufeln. Die Artischocken ca. 15–20 Minuten bei milder Hitze darin ziehen lassen.

2 Das Ei kochen, abschrecken, pellen, fein hacken. Die Schalotten schälen und in kleine Würfel schneiden. Die Petersilie waschen, trocknen und fein hacken. Die Kapern abtropfen lassen.

3 Für die Vinaigrette Essig mit Salz und Pfeffer verrühren. Schalotten, Ei, Petersilie und Kapern unter die Essigmasse heben und das Öl unterschlagen. Mit Salz, Pfeffer und Zucker abschmecken. Artischocken mit der Vinaigrette anrichten.

Für 4 Portionen

4 Artischocken
Salz
Zitronensaft
1 Ei
2 Schalotten
1 Bund Petersilie
1 El Kapern
6 El Weinessig
Pfeffer
4 El Öl
Zucker

Zubereitungszeit ca. 20 Minuten
Pro Portion ca. 301 kcal/1261 kJ
5 g E, 29 g F, 5 g KH

Gefüllte Artischocken

1 Die Artischocken putzen, waschen, das Herz herausschneiden und die Artischocken mit Zitronensaft beträufeln. In Wasser mit 1/4 Teelöffel Salz etwa 10 Minuten blanchieren. Dann herausnehmen und abtropfen lassen.

2 1 Ei hart kochen. Die Petersilie waschen, trockenschütteln und hacken. Das Ei abkühlen lassen, pellen und fein hacken.

3 Hackfleisch mit Käse, gehacktem Ei, Petersilie, restlichem Ei, 1/4 Teelöffel Pfeffer, Cayennepfeffer und Kreuzkümmel mischen. Die Füllung in die Artischocken geben. Den Backofen auf 200 °C (Umluft 180 °C) vorheizen.

4 Die Zwiebel schälen und würfeln. Das Olivenöl in einem feuerfesten Topf erhitzen und die Zwiebel darin andünsten. Tomatenmark, Harissa, Paprikapulver und restliches Salz sowie Pfeffer dazugeben und mit etwas Wasser vermengen. Etwa 5 Minuten köcheln lassen.

5 Die Artischocken in die Sauce setzen und im Ofen etwa 45 Minuten schmoren. Gelegentlich mit der Sauce begießen.

Für 4 Portionen

8 Artischocken
Saft von 1 Zitrone
1/2 Tl Salz
2 Eier
1/2 Bund Petersilie
200 g Rinderhackfleisch
30 g Gruyère
1/2 Tl Pfeffer
1/4 Tl Cayennepfeffer
1/4 Tl gemahlener Kreuzkümmel
1 Zwiebel
2 El Olivenöl
1 El Tomatenmark
1 Tl Harissa
1 Tl edelsüßes Paprikapulver

Zubereitungszeit ca. 1 Stunde 30 Minuten
Pro Portion ca. 298 kcal/1250 kJ
23 g E, 17 g F, 11 g KH

Paprikasauce

3 gelbe Paprikaschoten
600 ml Gemüsebrühe
1 Tl Chilisauce (FP)
1 zerdrückte Knoblauchzehe

Zubereitungszeit ca. 30 Minuten
Pro Portion ca. 53 kcal/224 kJ
2 g E, 3 g F, 4 g KH

Die Paprikaschoten unter den Grill legen, bis die Haut Blasen wirft. Paprika häuten, Fruchtfleisch hacken. Mit Brühe, Chilisauce und Knoblauch 20 Minuten köcheln, dann pürieren und erneut erhitzen. Passt zu grünem Spargel.

Bagna Cauda

8 Sardellenfilets
3/8 l Sahne
100 g Butter
2 zerdrückte Knoblauchzehen

Zubereitungszeit ca. 10 Minuten
Pro Portion ca. 610 kcal/2562 kJ
33 g E, 53 g F, 3 g KH

Die Sardellen waschen, trocknen und fein pürieren. Sahne in einem Topf auf die Hälfte einkochen. Butter erhitzen, Sardellenpüree und Knoblauch darin andünsten. Die Sahne mit dem Schneebesen unterrühren, Sauce nicht mehr kochen. Passt zu rohem Gemüse als heißer Dip.

Kerbelsauce

3 El Olivenöl
1 Bund gehackter Kerbel
1 fein gehackte rote Chilischote
400 ml Gemüsebrühe
3 El braune Basissauce (von S. 9)
Salz, Pfeffer
Paprikapulver

Zubereitungszeit ca. 15 Minuten
Pro Portion ca. 120 kcal/502 kJ
1 g E, 12 g F, 2 g KH

Das Öl erhitzen und Kerbel sowie Chili darin andünsten. Gemüsebrühe angießen und die Sauce etwas einkochen lassen. Mit brauner Grundsauce andicken und mit den Gewürzen abschmecken. Passt zu frischen Erbsen und Sojakeimen.

Zitronenmayonnaise

1 El Dijonsenf
3 Eigelb
Saft von 2 Zitronen
8 El Sonnenblumenöl
Salz
weißer Pfeffer

Zubereitungszeit ca. 10 Minuten
Pro Portion ca. 154 kcal/647 kJ
3 g E, 15 g F, 2 g KH

Senf und Eigelb gut miteinander verrühren, dann den Zitronensaft nach und nach zugeben und das Öl langsam einfließen lassen. Alles unter Rühren zu einer cremigen Sauce verarbeiten. Mit Salz und Pfeffer abschmecken. Passt zu Gemüsesalaten.

Saucen für Fisch

Hier begleiten den Fisch köstliche Saucen, die alle nur eine Funktion haben: den feinen Geschmack von Süß- und Salzwasserfischen harmonisch abzurunden oder kontrastreich zu unterstreichen. Neben klassischen Saucen für beliebte Speisefische widmen wir uns der kulinarischen Veredlung von Muscheln, Krebsen und Garnelen durch einen Hauch von Sauce.

Remouladensauce

Für 4 Portionen

200 g Mayonnaise
1 El Zitronensaft
1 Tl gehackte Kapern
1 El gehackte frische Kräuter
1/2 Tl Sardellenpaste
2 kleine gehackte Gewürzgurken
1 fein gehackte Schalotte
Salz
schwarzer Pfeffer

Zubereitungszeit ca. 10 Minuten
Pro Portion ca. 390 kcal/1638 kJ
1 g E, 42 g F, 3 g KH

1 Die Mayonnaise mit den restlichen Zutaten glatt rühren.

2 Sauce 10 Minuten ziehen lassen, dann mit Salz und Pfeffer abschmecken. Passt zu gebratenem Fisch.

Variation 1

Die Remouladensauce wie oben beschrieben, jedoch ohne Sardellenpaste, Kapern und Gurken zubereiten. Stattdessen 100 g Naturjoghurt unterrühren und mit 2 cl Cognac verfeinern. Passt zu Schalentieren.

Zubereitungszeit ca. 10 Minuten
Pro Portion ca. 395 kcal/1659 kJ
2 g E, 42 g F, 3 g KH

Variation 2

Die Remouladensauce wie oben beschrieben, jedoch ohne Sardellenpaste zubereiten. 5 El Tomatenketchup und 1 Tl Meerrettich aus dem Glas unterrühren. Mit 2 Tl Weißweinessig und einigen Spritzern Tabasco abschmecken. Passt zu Krabben und Shrimps.

Zubereitungszeit ca. 10 Minuten
Pro Portion ca. 385 kcal/1617 kJ
1 g E, 41 g F, 4 g KH

Variation 3

Die Remouladensauce wie oben beschrieben zubereiten. 1/2 Tl gemahlenen Safran und 1 Tl Curry unterheben. Passt zu Muscheln.

Zubereitungszeit ca. 10 Minuten
Pro Portion ca. 393 kcal/1649 kJ
2 g E, 42 g F, 4 g KH

Variation 4

Die Remouladensauce wie oben beschrieben zubereiten. 1 zerdrückte Knoblauchzehe und 1 El Olivenpaste unterrühren. Passt zu gegrilltem Fisch.

Zubereitungszeit ca. 10 Minuten
Pro Portion ca. 390 kcal/1638 kJ
2 g E, 42 g F, 3 g KH

Für 4 Portionen

150 g schwarze Oliven
1 gewürfelte Schalotte
5 El Butter
125 ml Noilly Prat
250 ml Fischfond
1 gewürfelte Tomate
1 El gehackter Estragon
3 El Sauce Béarnaise (von S. 10)
Salz, Pfeffer, Zitronensaft

Zubereitungszeit ca. 30 Minuten
Pro Portion ca. 258 kcal/1082 kJ
3 g E, 23 g F, 5 g KH

Olivensauce

Oliven entsteinen und hacken. Schalotte und Olivensteine in 3 El heißer Butter schmoren, Noilly Prat und Fischfond zugeben und etwas einkochen lassen. Olivensteine entfernen. Oliven, Tomate und Estragon einrühren und mit Sauce Béarnaise andicken. Mit Zitrone abschmecken. Salzen und pfeffern. Passt zu Heilbutt.

Für 4 Portionen

2 Scheiben Toastbrot
250 ml Milch
100 g Sonnenblumenkerne
2 Knoblauchzehen
125 g Sahne
1/2 Bund gehackte glatte Petersilie
Salz
weißer Pfeffer
Zitronensaft

Zubereitungszeit ca. 20 Minuten
Pro Portion ca. 295 kcal/1239 kJ
9 g E, 24 g F, 11 g KH

Knoblauch-Kern-Dip

Toastbrot entrinden, in der Milch einweichen. Mit Sonnenblumenkernen und zerdrücktem Knoblauch im Mixer pürieren. Sahne einrühren und die Petersilie unterheben. Etwas ziehen lassen, mit Salz, Pfeffer und Zitronensaft abschmecken. Passt zu gegrillten Sardinen und Makrelen.

Für 4 Portionen

100 g gehackte Schalotten
3 gehackte Knoblauchzehen
2,5 cm geriebener Ingwer
2 El Chili-Öl
300 g frische gehackte Pflaumen
300 ml Fischfond
1 El dunkle Sojasauce
1 Tl Zucker, Salz
2 Sternanis
1/2 Tl gemahlener Szechuanpfeffer

Zubereitungszeit ca. 30 Minuten
Pro Portion ca. 92 kcal/385 kJ
39 g E, 4 g F, 11 g KH

Pflaumen-Ingwer-Sauce

Gesalzenen Karpfen 20 Minuten ruhen lassen. Salzwasser mit Gemüse und Zwiebeln 15 Minuten kochen, Karpfen darin 20 Minuten ziehen lassen. Schalotten, Knoblauch und Ingwer im Öl dünsten. Pflaumen mitschmoren, Fond und Sojasauce zugeben, einkochen und pürieren. Abschmecken. Passt zu Karpfen.

Erdnuss-Sauce

Erdnusscreme in der Milch verrühren und mit der Brühe erwärmen. Sojasauce und Sambal Oelek einrühren und etwa 10 Minuten einkochen. Knoblauch und Koriander zugeben und mit brauner Grundsauce andicken. Mit Salz, Pfeffer und Zucker abschmecken. Passt zu Seelachs.

Für 4 Portionen

2 El Erdnusscreme
200 ml Milch
200 ml Gemüsebrühe
4 El Sojasauce
1 Messerspitze Sambal Oelek
2 zerdrückte Knoblauchzehen
2 El gehackter Koriander
3 El braune Grundsauce (von S. 9)
Salz, Pfeffer
Zucker

Zubereitungszeit ca. 25 Minuten
Pro Portion ca. 385 kcal/1615 kJ
40 g E, 23 g F, 6 g KH

Jakobsmuscheln mit Zitrone

Für 4 Portionen

4 Schalotten
4 Knoblauchzehen
2 El frisch gehackter Galgant
3 El Erdnussöl
16 frische Jakobsmuscheln
3 El fein gehackte rote Chilischoten
6 El Zitronensaft
2 El brauner Rohrzucker
1–2 El Fischsauce (FP)
4–5 El gehacktes Koriandergrün
Zitronenschale zum Garnieren

Zubereitungszeit ca. 25 Minuten
Pro Portion ca. 281 kcal/1176 kJ
24 g E, 9 g F, 11 KH

1 Die Schalotten und Knoblauchzehen schälen und fein hacken. Zusammen mit dem Galgant im heißen Öl unter Rühren ca. 2–3 Minuten braten.

2 Jeweils eine ausgelöste Muschel in eine Schale legen und mit der Mischung bestreuen. Die Muscheln in ca. 6–8 Minuten dämpfen.

3 In der Zwischenzeit Chilischoten, Zitronensaft, Zucker und Fischsauce erhitzen und so lange kochen, bis sich der Zucker gelöst hat.

4 Die Muscheln in den Schalen anrichten, mit der Sauce beträufeln und mit Koriandergrün und Zitronenschale bestreut servieren.

Jakobsmuscheln sind die größten und bekanntesten europäischen Kammmuscheln. Sie haben ein wunderbar zartes Fleisch, das fest ummantelt ist. Am besten kauft man sie in der Schale und öffnet sie selbst. Dazu muss man die Muschel mit der flachen Seite nach oben gut festhalten, mit einem Messer vorsichtig zwischen die Schalen fahren und den Muskel durchtrennen. Dann die flache Seite abheben und das Fleisch und den Muskel mit einem Messer ablösen. Das graue Mantelfleisch, das später entsorgt wird, vom hellen Muskelfleisch und dem Corail (Rogen) abziehen und sorgfältig abschneiden.

Für 4 Portionen

3 Schalotten
1 Knoblauchzehe
2 El Butter
250 ml Cidre
200 g Sahne
Salz
frisch gemahlener weißer Pfeffer
1 Tl Zitronensaft
500 g ausgelöste Jakobsmuscheln
1/2 Bund Sauerampfer

Zubereitungszeit ca. 20 Minuten (plus Kochzeit)
Pro Portion ca. 290 kcal/1218 kJ
16 g E, 16 g F, 15 g KH

Jakobsmuscheln in Cidresahne

1 Die Schalotten und den Knoblauch schälen, die Schalotten fein hacken. In einer Pfanne die Butter zerlassen und Schalotten darin glasig dünsten. Den Knoblauch dazupressen und mitdünsten.

2 Den Cidre angießen und kochen, bis die Flüssigkeit fast verdampft ist. Die Sahne dazugießen und alles so lange weiter köcheln lassen, bis die Sauce cremig wird.

3 Pfanneninhalt in eine Schüssel füllen. Anschließend mit dem Mixstab die Masse pürieren. Mit Salz, Pfeffer und einigen Tropfen Zitronensaft abschmecken und wieder in die Pfanne geben.

4 Die Jakobsmuscheln waschen, den roten Rogensack (Corail) abtrennen und beiseite stellen. Muscheln in der Sauce etwa 3 Minuten zugedeckt gar ziehen lassen.

5 Den Sauerampfer waschen, trockenschütteln und in feine Streifen schneiden. Mit den Corails in die Sauce geben und nur kurz darin erhitzen.

Avocadosauce

3 fein gehackte Schalotten
2 enthäutete, gewürfelte Tomaten
1/2 fein gehackte rote Chili
1 El gehackte Petersilie
2 geschälte Avocados
Saft von 1 Limette
100 ml Sahne
Salz, Pfeffer

Zubereitungszeit ca. 10 Minuten
Pro Portion ca. 335 kcal/1407 kJ
4 g E, 34 g F, 4 g KH

Schalotten, Tomaten, Chili, Petersilie und Avocadofleisch im Mixer pürieren. Limettensaft und Sahne unterrühren und mit Salz und Pfeffer abschmecken. Passt zu gegrilltem Fisch.

Preiselbeersauce

100 g eingelegte Preiselbeeren
200 ml Kalbsfond
100 ml Weißwein
1 El Sahne-Meerrettich
3 El Tomaten-Grundsauce (von S. 9)
Salz, Pfeffer
Zucker

Zubereitungszeit ca. 20 Minuten
Pro Portion ca. 65 kcal/273 kJ
4 g E, 1 g F, 7 g KH

Die Preiselbeeren im Kalbsfond erhitzen, Wein und Meerrettich zugeben und Sauce einkochen lassen. Mit Tomaten-Grundsauce verfeinern und mit Salz, Pfeffer und Zucker abschmecken. Passt zu gebratenem Barsch.

Honigsauce

1 gehackte Zwiebel
1 El geriebener Ingwer
3 El Pflanzenöl
4 El Zitronensaft
4 El Weinessig
350 ml Gemüsebrühe
Filets von je 1 Orange und Grapefruit
3 El helle Grundsauce (von S. 9)
1 Tl Honig

Zubereitungszeit ca. 25 Minuten
Pro Portion ca. 166 kcal/698 kJ
1 g E, 11 g F, 13 g KH

Zwiebel und Ingwer im heißen Öl andünsten. Zitronensaft, Essig und Brühe zugeben und 15 Minuten einkochen. Früchtefilets unterheben. Mit heller Grundsauce andicken und mit Honig abschmecken. Passt zu Lachsforelle.

Petersiliencreme

3 gehackte Schalotten
200 g gewürfelte Petersilienwurzel
2 El Butter
3 Bund gehackte glatte Petersilie
250 ml Fischfond
150 ml Weißwein
3 El weiße Buttersauce (von S. 11)
Salz, Pfeffer

Zubereitungszeit ca. 20 Minuten
Pro Portion ca. 125 kcal/524 kJ
3 g E, 7 g F, 6 g KH

Schalotten und Petersilienwurzel in der heißen Butter schmoren. Petersilie, Fond und Weißwein zugeben und etwas köcheln lassen. Mit heller Grundsauce andicken. Würzen. Passt zu Kochfisch.

Für 4 Portionen

4 kleine Seelachsfilets
Salz, Pfeffer
1 Bund Frühlingszwiebeln in Ringen
3 eingelegte Paprikaschoten in Streifen
2 El Olivenöl
125 ml Weißwein
300 g Schafskäse
3 El Tomaten-Grundsauce (von S. 9)
1 Tl getrockneter Oregano

Zubereitungszeit ca. 30 Minuten
Pro Portion ca. 362 kcal/1520 kJ
30 g E, 23 g F, 6 g KH

Seelachs mit Schafskäsesauce

Die Fischfilets waschen, trockentupfen, mit Zitrone beträufeln und grillen, anschließend salzen und pfeffern. Frühlingszwiebeln und Paprikaschoten im heißen Öl 5 Minuten dünsten. Wein zugeben und aufkochen. Käse hineinbröckeln und schmelzen, die Sauce pürieren. Mit Tomaten-Grundsauce andicken und mit den Gewürzen pikant abschmecken. Sauce zu den gegrillten Fischfilets servieren.

Seefisch mit Kardinalsauce

Fisch 10 Minuten mit Zitronensaft säuern, anschließend in Butterschmalz braten. Fisch- und Pilzfond aufkochen und um die Hälfte reduzieren, Béchamelsauce zugeben, erhitzen und passieren. Hummerfleisch pürieren, mit Butter und Paprika vermischen und unter die Sauce heben. Abschmecken.

Für 4 Portionen

800 g Seefisch
1 El Zitronensaft, Salz
2 El Butterschmalz
250 ml Fischfond
250 ml Pilzfond
500 ml Béchamelsauce (von S. 10)
75 g gekochtes Hummerfleisch
50 g Butter
gewürfelte rote Paprika
Cayennepfeffer

Zubereitungszeit ca. 30 Minuten
Pro Portion ca. 528 kcal/2215 kJ
50 g E, 38 g F, 11 g KH

Rotbarschfilets mit kalter Safransauce

Fisch säuern, anschließend salzen und in Butter braten. Die Eigelb mit Senf und Knoblauch verrühren. Safran in Pernod und Fond rühren und dazugeben. Öl nach und nach darunter schlagen, Tomatenmark einrühren. Kräuter und Crème fraîche unterheben.

Für 4 Portionen

800 g Rotbarschfilet
Zitronensaft, Salz
2 El Butter
2 Eigelb
1/2 Tl Senf
1 zerdrückte Knoblauchzehe
1 Döschen Safran
1/2 Tl Pernod
1/2 Tl Fischfond
je 125 ml Oliven- und Sonnenblumenöl
1 El Tomatenmark
je 1 Tl gehacktes Basilikum und Estragon
1 El Crème fraîche
Pfeffer

Zubereitungszeit ca. 25 Minuten
Pro Portion ca. 865 kcal/3633 kJ
40 g E, 78 g F, 1 g KH

Schellfisch mit Pernodsauce

Fisch grillen, salzen und pfeffern. Gemüse in Butter 5 Minuten schmoren, Wein, Pernod und Malzbier dazugeben und einkochen lassen. Fenchel und Kerbel hinzufügen, mit Zucker abschmecken. Braune Grundsauce unterrühren und würzen.

Für 4 Portionen

800 g Schellfisch
Salz, Pfeffer, 2 El Butter
150 g gewürfelte Kohlrabi
1 Möhre in Scheiben
3 Frühlingszwiebeln in Ringen
150 ml Weißwein
5 El Pernod
200 ml Malzbier
1 El gemahlener Fenchel
1/2 Bund gehackter Kerbel
Zucker
3 El braune Grundsauce (von S. 9)

Zubereitungszeit ca. 25 Minuten
Pro Portion ca. 251 kcal/1054 kJ
24 g E, 5 g F, 14 g KH

Meerrettichsauce

250 ml Kalbsfond
250 ml Milch
100 g frisch geriebener Meerrettich
50 g gemahlene Mandeln
1 El Zitronensaft
5 El Crème fraîche
3 El Sauce Béchamel (von S. 10)
Cayennepfeffer

Zubereitungszeit ca. 15 Minuten
Pro Portion ca. 183 kcal/770 kJ
10 g E, 12 g F, 8 g KH

Fond und Milch aufkochen, Meerrettich und Mandeln zugeben und Sauce etwas einkochen. Zitronensaft und Crème fraîche zugeben und mit Sauce Béchamel andicken. Mit Cayennepfeffer abschmecken. Passt zu Seeteufel.

Trianonsauce

5 gewürfelte Schalotten
1 El Olivenöl
4 El Weißwein
2–3 El Mayonnaise
1 El Tomatenmark
3 fein gehackte Pfeffergurken
1/2 gehackte rote Paprikaschote
Salz, Pfeffer
Zucker

Zubereitungszeit ca. 20 Minuten
Pro Portion ca. 167 kcal/700 kJ
1 g E, 15 g F, 5 g KH

Schalotten im heißen Öl andünsten. Wein zugeben und 10 Minuten köcheln. Anschließend pürieren. Abgekühltes Püree mit Mayonnaise und Tomatenmark verrühren und das Gemüse unterheben. Abschmecken. Passt zu gegrillter Makrele.

Beerendip

400 g Preiselbeerkonfitüre (Glas)
100 g Crème fraîche
1 Prise Zimt
2 cl Rum

Zubereitungszeit ca. 10 Minuten
Pro Portion ca. 348 kcal/1460 kJ
1 g E, 8 g F, 67 g KH

Die Preiselbeerenkonfitüre mit Crème fraîche verrühren. Den Rum dazugeben und mit einer Prise Zimt abschmecken. Anschließend den Dip pürieren. Passt zu gebratenen Rotbarben und Felchen.

Dillsauce

1 gehackte Zwiebel
3 El Butter
200 ml Fischfond
100 ml Weißwein
100 g Sahne
1 Bund gehackter Dill
3 El helle Grundsauce (von S. 9)
Salz, Pfeffer
Muskatnuss
Weinessig

Zubereitungszeit ca. 15 Minuten
Pro Portion ca. 174 kcal/730 kJ
2 g E, 15 g F, 4 g KH

Zwiebel in der heißen Butter andünsten. Fond, Wein und Sahne angießen und 10 Minuten köcheln. Dill unterheben. Mit heller Grundsauce verfeinern und mit den Gewürzen und Essig abschmecken. Passt zu Scholle und Dorsch.

Fischteller mit Kräutersauce

Für 4 Portionen

600 g Spinat
2 Knoblauchzehen
2 El Sonnenblumenöl
300 g Seelachsfilet
Saft von 1/2 Zitrone
Salz
frisch gemahlener Pfeffer
200 g Lotte-Filet
6 Garnelenschwänze
125 g Butter
1 Zwiebel
250 ml trockener Weißwein
250 ml Gemüsebrühe
1 Tl Tomatenmark
1 Prise Cayennepfeffer
2 Bund gehackter Dill
1 Bund gehackter Schnittlauch
frisch geriebene Muskatnuss
Limetten, Sprossen und Kerbel zum Garnieren

Zubereitungszeit ca. 30 Minuten (plus Garzeit)
Pro Portion ca. 348 kcal/1460 kJ
41 g E, 14 g F, 7 g KH

1 Spinat putzen und waschen. Knoblauch schälen und klein würfeln, in 1 El Öl andünsten. Den Spinat tropfnass dazugeben. 3 Minuten mitdünsten und warm halten.

2 Seelachs mit Zitronensaft beträufeln, salzen und pfeffern, beiseite stellen. Lotte in Scheiben schneiden und auf beiden Seiten pfeffern und salzen. Garnelen längs durch den Panzer aufschneiden, den dunklen Darm entfernen, waschen und abtropfen lassen. Anschließend leicht salzen und pfeffern.

3 3 El Butter mit 1 El Öl erhitzen. Fisch und Garnelenschwänze darin nacheinander ca. 5 Minuten von jeder Seite braten. Herausnehmen und warm halten.

4 Zwiebel schälen, klein würfeln und im Bratfett dünsten. Wein und Brühe angießen, auf die Hälfte einkochen lassen. Tomatenmark, Cayennepfeffer und restliche Butter in kleinen Stücken untermischen. Aufkochen und mit den Kräutern verrühren. Mit Salz und Pfeffer würzen.

5 Spinat anrichten und mit Salz und Muskat würzen. Fisch und Garnelenschwänze auf dem Spinat anrichten und mit Sauce beträufeln. Mit Limetten, Sprossen und Kerbel garniert servieren.

Kümmelschaum

2 Eier
2 Eigelb
2 cl Kümmelschnaps (z. B. Aquavit)
250 ml Kalbsfond
125 ml Sahne
Salz, Pfeffer
1/2 Tl gemahlener Kümmel

Zubereitungszeit ca. 15 Minuten
Pro Portion ca. 206 kcal/864 kJ
11 g E, 17 g F, 2 g KH

Eier, Eigelb und Schnaps mit 3 El Fond im warmen Wasserbad cremig rühren. Restlichen Fond und Sahne zugeben und aufschlagen. Nicht kochen. Mit Salz, Pfeffer und Kümmel würzen. Passt zu Seezunge und Zander.

Rote-Bete-Rahm

2 gewürfelte Schalotten
250 g Rote-Bete-Streifen
3 El Olivenöl
125 ml Weißwein
400 ml Fischfond
1/2 Bund gehackte Petersilie
3 El rote Buttersauce (von S. 11)
Salz, Pfeffer

Zubereitungszeit ca. 20 Minuten
Pro Portion ca. 173 kcal/726 kJ
4 g E, 12 g F, 9 g KH

Schalotten und Rote Bete im heißen Öl schmoren. Weißwein und Fond zugeben und etwas einkochen. Petersilie unterheben, mit roter Buttersauce verfeinern und würzen. Passt zu gebratener Seezunge.

Feigensauce

40 ml Tomatensaft
150 g geschälte, gewürfelte Feigen
1 Dose Tomaten (250 g)
4 El Zitronensaft
geriebener Ingwer
Zimtpulver
1 cl Madeira
3 El Tomaten-Grundsauce (von S. 9)
2 Feigen in Spalten

Zubereitungszeit ca. 20 Minuten
Pro Portion ca. 107 kcal/450 kJ
3 g E, 2 g F, 18 g KH

Tomatensaft erhitzen und Feigen sowie Dosentomaten darin 10 Minuten köcheln. Sauce pürieren. Mit Zitronensaft, Ingwer, Zimt und Madeira aromatisieren. Mit Tomaten-Grundsauce andicken. Feigenspalten unterheben. Passt zu Heilbutt.

Aprikosen-Pfeffer-Sauce

200 g abgetropfte Aprikosenspalten (Dose)
2 El Butter
3 Tl rosa Pfefferkörner
3 El Weinbrand
350 ml Aprikosensaft
6 El Sahne
3 El helle Grundsauce (von S. 9)
Salz, Pfeffer
Tabasco

Zubereitungszeit ca. 25 Minuten
Pro Portion ca. 177 kcal/742 kJ
2 g E, 9 g F, 19 g KH

Aprikosenspalten in der heißen Butter 5 Minuten schmoren. Pfefferkörner, Weinbrand und Saft zugeben und etwas einkochen. Sahne unterrühren und mit heller Grundsauce andicken. Abschmecken. Passt zu gedünsteten Riesengarnelen.

Wodka-Kaviar-Sauce

Für 4 Portionen

1 geschälte, gewürfelte Avocado
400 ml Gemüsebrühe
20 g Beluga-Kaviar
20 g Keta-Kaviar
4 El Wodka
3 El Zitronensaft
1 Tl Sahne-Meerrettich (Glas)
3 El helle Grundsauce (von S. 9)
Salz, Pfeffer
Tabasco

Zubereitungszeit ca. 15 Minuten
Pro Portion ca. 183 kcal/767 kJ
4 g E, 17 g F, 3 g KH

Avocadowürfel in der heißen Gemüsebrühe köcheln, dann pürieren. Kaviar, Wodka und Zitronensaft zum Püree geben und mit Meerrettich verfeinern. Mit heller Grundsauce andicken und mit Salz, Pfeffer und Tabasco würzen. Passt zu Krebsen, Hummer und Langusten.

Löwenzahndip

Für 4 Portionen

1 gehackte Zwiebel
2 gehackte Knoblauchzehen
1 Bund gehackter junger Löwenzahn
3 El Butter
400 ml Gemüsebrühe
3 El Honig
100 g Spargelstücke (Glas)
3 El helle Grundsauce (von S. 9)

Zubereitungszeit ca. 15 Minuten
Pro Portion ca. 88 kcal/370 kJ
1 g E, 6 g F, 9 g KH

Zwiebel, Knoblauch und Löwenzahn in heißer Butter 5 Minuten dünsten, dann pürieren. Gemüsebrühe angießen, etwas einkochen. Honig und Spargel unterrühren und mit heller Grundsauce andicken. Passt zu Flusskrebsen.

Kerbel-Rahm-Sauce

Für 4 Portionen

1 El Butter
1 Bund gehackter Kerbel und gehackte Petersilie
100 ml Weißwein
200 ml Kalbsfond
100 ml Sahne
3 El Béchamelsauce (von S. 10)
Salz, Pfeffer

Zubereitungszeit ca. 15 Minuten
Pro Portion ca. 129 kcal/543 kJ
4 g E, 10 g F, 3 g KH

Butter erhitzen und die gehackten Kräuter kurz darin andünsten. Mit Wein, Fond und Sahne aufgießen und etwas einkochen lassen. Mit Béchamelsauce andicken und mit Salz und Pfeffer abschmecken. Passt zu Forelle und Lachs.

Rotbarbenfilets mit Wasabi-Tomatensauce

Für 4 Portionen

800 g Rotbarbenfilet
je 1/2 l Wasser und Wein
100 ml Hummerfond
50 ml Sojasauce
200 ml Orangensaft
2 gewürfelte Zwiebel
100 g in dünne Streifen geschnittener Meerrettich
1 Tl Wasabi
1 geschälte Knoblauchzehe
1 El Zucker
1 Tl gehackter eingelegter Ingwer
3 El Tomaten-Grundsauce (von S. 9)
Salz, Pfeffer

Zubereitungszeit ca. 30 Minuten
Pro Portion ca. 301 kcal/1262 kJ
40 g E, 8 g F, 13 g KH

Rotbarbenfilet säubern. Wasser und Wein mit 1 Zwiebel aufkochen. Rotbarbenfilet darin 10 Minuten garen. Fond, Sojasauce und Orangensaft erwärmen. Zwiebeln, Meerrettich und Wasabi unterrühren, Knoblauch dazudrücken, Zucker zugeben und etwas einkochen. Ingwer unterheben und mit Tomaten-Grundsauce verfeinern. Würzen.

Lorbeersauce

3 El Sonnenblumenöl
1 gehackte Knoblauchzehe
200 g gewürfelte Kartoffeln
1 Tl gemahlener Lorbeer
400 ml Fischfond
1 Tl gehackter Estragon
3 El Tomaten-Grundsauce (von S. 9)
Salz, Pfeffer

Zubereitungszeit ca. 20 Minuten
Pro Portion ca. 150 kcal/628 kJ
3 g E, 11 g F, 9 g KH

Knoblauch und Kartoffeln im heißen Öl 5 Minuten schmoren. Lorbeer und Fond angießen, 5 Minuten köcheln, dann Sauce pürieren. Estragon und Tomaten-Grundsauce unterheben. Würzen. Passt zu gebratenen Barben.

Fenchelsauce

150 g gewürfelter Fenchel
2 El Butter
4 El Pastis
250 ml Fischfond
100 ml Weißwein
Filets und Saft von 1 Orange
3 El Sauce Hollandaise (von S. 10)
Salz, Pfeffer

Zubereitungszeit ca. 15 Minuten
Pro Portion ca. 113 kcal/476 kJ
3 g E, 6 g F, 7 g KH

Fenchel in der heißen Butter 5 Minuten dünsten. Pastis, Fond und Weißwein zugeben und Sauce etwas einkochen. Orangenfilets und Saft zugeben und mit Sauce Hollandaise verfeinern. Würzen. Passt zu gebratenem Zander.

Gemüsesauce

2 gehäutete und gewürfelte Tomaten
je 50 g rote und grüne gewürfelte Paprikaschote
100 g geschälte und zerkleinerte Salatgurke
1 gehackte Zwiebel
1 geschälte Knoblauchzehe
250 ml Gemüsebrühe
Salz, Pfeffer
Tabasco

Zubereitungszeit ca. 10 Minuten
Pro Portion ca. 33 kcal/140 kJ
2 g E, 1 g F, 4 g KH

Das Gemüse mit Zwiebel und Knoblauch im Mixer pürieren. Brühe zugeben und mit Salz, Pfeffer und Tabasco abschmecken. Sauce vor dem Servieren kühl stellen. Passt zu frittierten Sardinen.

Barolosauce

300 g frische Perlzwiebeln
100 g gewürfelter Speck
400 ml Barolo-Wein
1 Tl gehackter Thymian
3 El braune Grundsauce (von S. 9)
2 El Crème fraîche
Salz, Pfeffer
Zitronensaft

Zubereitungszeit ca. 25 Minuten
Pro Portion ca. 308 kcal/1292 kJ
3 g E, 26 g F, 15 g KH

Perlzwiebeln im ausgelassenen Speck schmoren, Wein und Thymian zugeben und Sauce einkochen. Mit brauner Grundsauce und Crème fraîche verfeinern, würzen und mit Zitronensaft abschmecken. Passt zu gebratenem Merlanfilet.

Für 4 Portionen

800 g Rotbarschfilet
1 El Zitronensaft
2 El Sonnenblumenöl
100 g geputzte Zuckerschoten
100 g gehackte Champignons
100 g Salatgurke in Stiften
1 gewürfelte Zwiebel
2 gehäutete, gewürfelte Tomaten
je 200 ml Gemüsebrühe und Fischfond
1 Bund gehackter Koriander
2 El gehacktes Zitronengras
3 El Tomaten-Grundsauce (von S. 9)
Salz, Pfeffer
2 Tl rote Currypaste
2 El Butter

Zubereitungszeit ca. 35 Minuten
Pro Portion ca. 330 kcal/1384 kJ
41 g E, 14 g F, 9 g KH

Rotbarsch mit Thai-Curry-Sauce

Fischfilet waschen, trockentupfen, in Streifen schneiden und mit Zitrone beträufeln. Vorbereitetes Gemüse im Öl andünsten. Brühe, Fond, Koriander und Zitronengras hinzufügen und 10 Minuten einkochen. Mit Tomaten-Grundsauce andicken und würzen. Fischfilets in Butter braten, salzen und pfeffern und mit der Sauce anrichten.

Koriander-Beeren-Sauce

Beeren und Paprika im heißen Öl andünsten, Knoblauch und Koriander zugeben. Wein und Brühe angießen und etwas einkochen. Mit Zitrone abschmecken und mit brauner Grundsauce andicken. Würzen. Passt zu gebratener Rotzunge.

Für 4 Portionen

150 g geputzte Stachelbeeren
100 g gelbe gewürfelte Paprika
3 El Olivenöl
1 zerdrückte Knoblauchzehe
1 Bund gehackter Koriander
100 ml Weißwein
300 ml Rinderbrühe
Saft und Schale von 1/2 unbehandelten Zitrone
3 El braune Grundsauce (von S. 9)
Salz, Pfeffer

Zubereitungszeit ca. 15 Minuten
Pro Portion ca. 182 kcal/763 kJ
6 g E, 12 g F, 8 g KH

Sauerampfersauce

Sauerampfer waschen, trocknen und in wenig Salzwasser kurz blanchieren. Abschrecken und abtropfen lassen. In der heißen Butter andünsten, dann pürieren. Weißwein und Brühe zugießen und etwas einkochen lassen. Mit Béchamelsauce andicken und die Sauce mit den Gewürzen abschmecken. Passt zu Lachs.

Für 4 Portionen

150 g Sauerampfer
1 El Butter
100 ml Weißwein
250 ml Gemüsebrühe
3 El Béchamelsauce (von S. 10)
1 Prise Zucker
gemahlene Muskatnuss

Zubereitungszeit ca. 25 Minuten
Pro Portion ca. 268 kcal/1125 kJ
30 g E, 13 g F, 5 g KH

Fürstensauce

Kalbsfond und Wein erhitzen, Kräuter, Zwiebel und zerdrückte Pfefferkörner darin aufkochen und etwas einkochen lassen. Trüffel in Streifen schneiden, Krebsfleisch würfeln. Trüffel und Krebsfleisch unter die Sauce heben. Mit Buttersauce andicken und abschmecken. Passt zu Zander, Lotte und Lachs.

Für 4 Portionen

200 ml Kalbsfond
125 ml Weißwein
1/2 Bund gehackte gemischte Kräuter
1 gewürfelte Zwiebel
6 weiße Pfefferkörner
25 g Trüffel (Glas)
100 g Krebsfleisch (Dose)
3 El weiße Buttersauce (von S. 11)
Salz, Pfeffer
Cayennepfeffer

Zubereitungszeit ca. 25 Minuten
Pro Portion ca. 99 kcal/414 kJ
9 g E, 3 g F, 4 g KH

Saucen für Fleisch, Wild und Geflügel

Der schönste Braten wird erst durch eine vollendete Sauce zum wirklich einzigartigen Genuss. Für diese These finden Sie in diesem Kapitel zahlreiche Belege. Entdecken Sie Saucenklassiker und raffinierte neue Rezepte von Rheinischem Sauerbraten über Schweinemedaillons in Morchelrahm bis zu Fasan in Holunderbeersauce.

Entdecken Sie den ganzen Reichtum aromatischer Kräuter und Gewürze und akzentuieren Sie Ihre Fleisch-, Wild- und Geflügelgerichte durch perfekte Saucen.

Grüne Pfeffersauce

1 fein gehackte Zwiebel
1 El Distelöl
50 ml Weißwein
100 ml Rinderbrühe
3 El Calvados
125 ml Sahne
2 Tl grüner Pfeffer
3 El helle Grundsauce (von S. 9)
Salz, Pfeffer

Zubereitungszeit ca. 20 Minuten
Pro Portion ca. 157 kcal/660 kJ
3 g E, 12 g F, 4 g KH

Zwiebel im heißen Öl andünsten. Weißwein, Brühe und Calvados angießen und etwas einkochen lassen. Sahne dazugeben. Pfefferkörner unterheben und mit heller Grundsauce verfeinern. Mit Salz und Pfeffer abschmecken. Passt zu Schweinekotelett.

Zigeunersauce

20 g Butter
10 g Mehl
375 ml Rinderfond
2 Scheiben gekochter Schinken in Streifen
5 geputzte Champignons in Scheiben
2 El Madeira
Salz
Cayennepfeffer
3 El Tomaten-Grundsauce (von S. 9)

Zubereitungszeit ca. 20 Minuten
Pro Portion ca. 139 kcal/583 kJ
10 g E, 9 g F, 5 g KH

Butter schmelzen und mit dem Mehl eine Mehlschwitze herstellen. Mit Rinderfond aufgießen und unter Rühren aufkochen. 10 Minuten köcheln. Schinken und Champignons zugeben, mit Madeira und Gewürzen abschmecken, mit Tomatensauce verfeinern. Passt zu Kalbskotelett.

Parmesan-Salbei-Sauce

2 El Salbeiblätter in Streifen
1 El Butter
250 ml Gemüsebrühe
150 g Crème fraîche
80 g frisch geriebener Parmesan
2 El helle Grundsauce (von S. 9)
Salz, Pfeffer

Zubereitungszeit ca. 15 Minuten
Pro Portion ca. 234 kcal/983 kJ
8 g E, 22 g F, 2 g KH

Die Salbeiblätter in der heißen Butter anschmoren. Brühe und Crème fraîche zugeben und etwas einkochen. Helle Grundsauce unterheben und Käse unter Rühren darin schmelzen. Mit Salz und Pfeffer abschmecken. Passt zu Kalbfleisch.

Pastis-Senf-Sauce

200 ml Rinderfond
150 ml Sauerkrautsaft
2 Gewürznelken
1 Lorbeerblatt
2 rote Zwiebeln in Ringen
2 Lauchstangen in Ringen
4 El Sherry
1/2 Bund gehackter Estragon
3 El Dijonsenf
Salz, Pfeffer
Paprikapulver
3 El helle Grundsauce (von S. 9)
2 El Pastis

Zubereitungszeit ca. 25 Minuten
Pro Portion ca. 95 kcal/400 kJ
7 g E, 3 g F, 8 g KH

Rinderfond, Sauerkrautsaft, Nelken und Lorbeer aufkochen und 15 Minuten einkochen. Zwiebel- und Lauchringe zugeben und 5 Minuten köcheln. Sherry, Estragon, Senf und Gewürze zufügen. Sauce durchsieben und mit heller Grundsauce andicken. Pastis unterrühren. Passt zu Roastbeef.

Für 4 Portionen

30 g Walnüsse
3 El Olivenöl
100 ml Lammfond
175 ml Apfelsaft
8 getrocknete Feigen
1/2 Tl Salz
3 El helle Grundsauce (von S. 9)
12 Lammkoteletts á 50 g

Zubereitungszeit ca. 30 Minuten
Pro Portion ca. 690 kcal/2898 kJ
45 g E, 41 g F, 37 g KH

Lammkotelett mit Walnuss-Feigen-Sauce

Die Walnüsse klein hacken und in 1 El Öl unter Rühren goldbraun rösten, anschließend den Lammfond und den Apfelsaft hinzugießen und alles etwas einkochen lassen. Die Feigen klein würfeln, darunter heben und die Sauce würzen. Anschließend die Sauce mit heller Grundsauce andicken. Die Lammkoteletts im restlichen Öl kurz von beiden Seiten braten. Leicht salzen und pfeffern und sofort servieren.

Karamellsauce

Zucker in der heißen Butter karamellisieren, Zwiebelringe dazugeben. Saft und Rotwein unterrühren, Essig zugeben und alles etwas einkochen. Petersilie unterheben. Mit roter Buttersauce abschmecken. Passt zu Brathähnchen.

Für 4 Portionen

2 El Zucker
2 El Butter
2 rote Zwiebeln in Ringen
200 ml Rote-Bete-Saft
200 ml Rotwein
2 El Sherryessig
1/2 Bund gehackte Petersilie
3 El rote Buttersauce (von S. 11)
Salz, Pfeffer

Zubereitungszeit ca. 20 Minuten
Pro Portion ca. 103 kcal/431 kJ
3 g E, 3 g F, 8 g KH

Nuss-Sambal-Sauce

Schalotten und Knoblauch im heißen Öl andünsten, Gewürze mischen und mit Zitronensaft unterrühren. Fond angießen und etwas einkochen lassen. Cashewkerne und Sambal einrühren und mit Tomatensauce andicken. Abschmecken. Passt zu gebratener Putenbrust.

Für 4 Portionen

2 gewürfelte Schalotten
1 gehackte Knoblauchzehe
2 El Öl
1 El geriebener Ingwer
1 Tl gemahlene Muskatblüte
1/2 Tl Kurkuma
1 Tl Zitronensaft
400 ml Geflügelfond
2 El gehackte Cashewkerne
1/2 Tl Sambal oelek
3 El Tomatensauce (von S. 9)
Salz, Pfeffer

Zubereitungszeit ca. 15 Minuten
Pro Portion ca. 165 kcal/693 kJ
7 g E, 13 g F, 5 g KH

Sangritasauce

Zwiebel in der heißen Butter andünsten, Sangrita zugießen und etwas einkochen. Salbei zugeben und 5 Minuten köcheln. Gelee und Crème fraîche unterrühren, mit Grundsauce andicken und würzen. Passt zu Hirschmedaillons.

Für 4 Portionen

1 gewürfelte Zwiebel
2 El Butter
400 ml Sangrita
1/2 Bund gehackter Salbei
2 El schwarzes Johannisbeergelee
1 El Crème fraîche
3 El braune Grundsauce (von S. 9)
Salz, Pfeffer

Zubereitungszeit ca. 15 Minuten
Pro Portion ca. 155 kcal/650 kJ
1 g E, 6 g F, 8 g KH

Schweinemedaillons in Morchelrahm

Für 4 Portionen

50 g getrocknete Morcheln
700 g Schweinefilet
Salz, Pfeffer
3 El Mehl
100 g Butter
2 cl Sherry
150 g Crème fraîche
1/2 Bund Kerbel

Zubereitungszeit 30 Minuten (plus Einweich- und Schmorzeit)
Pro Portion ca. 348 kcal/1460 kJ
42 g E, 17 g F, 5 g KH

1 Die Morcheln über Nacht in Wasser einweichen. Am nächsten Tag abgießen, das Einweichwasser durchsieben und aufbewahren. Das Schweinefilet in gleich große Scheiben schneiden. Mit Salz und Pfeffer würzen und in Mehl wenden.

2 Die Butter in einer Pfanne schmelzen und die Medaillons darin von beiden Seiten anbraten. Morcheln in Scheiben schneiden und zugeben. Die Pfanne abdecken. Fleisch und Pilze etwa 20 Minuten dämpfen, bis die Medaillons auf Druck nicht mehr nachgeben. Aus der Pfanne nehmen und warm stellen.

3 Die Hälfte des Pilzeinweichwassers, Sherry und Crème fraîche zum Bratensaft geben und etwas einkochen lassen. Mit Salz und Pfeffer abschmecken. Den Kerbel waschen, trockenschütteln und hacken. Medaillons mit Sauce und Kerbel servieren.

Schweinemedaillons Piemont

1 Das Schweinefilet in Scheiben schneiden. Butterschmalz in einer Pfanne erhitzen und die Filets darin von jeder Seite ca. 1 Minute kräftig anbraten.

2 Die Filets dann bei milder Hitze ca. 6 Minuten weiterbraten. Mit Salz und Pfeffer würzen. Anschließend in Alufolie einwickeln und warm stellen. Die Kirschen in einem Sieb abtropfen lassen.

3 Den Bratfond noch einmal erhitzen und die Kirschen darin schmoren. Die Konfitüre unterrühren und das Fleisch wieder dazugeben. Den Saft dazugeben. Das Kirschwasser darüber träufeln.

4 Mit einem extra langen Streichholz den Alkohol anzünden, abbrennen lassen. Den Schmand unterrühren. Alles auf Tellern anrichten und mit Melisse garniert servieren. Dazu passen gebratene Zucchini.

Für 4 Portionen

600 g Schweinefilet
2 El Butterschmalz
Salz, Pfeffer
400 g Schattenmorellen aus dem Glas
3 El Aprikosenkonfitüre
50 ml Aprikosensaft
150 ml Kirschwasser
200 g Schmand
Zitronenmelisse zum Garnieren

Zubereitungszeit ca. 25 Minuten
Pro Portion ca. 627 kcal/2635 kJ

Mango-Senf-Sauce

2 kleine Mangos
125 ml Weißwein
3 El süßer Senf
1–2 El helle Grundsauce (von S. 9)
Salz
schwarzer Pfeffer
1 Prise Cayennepfeffer

Zubereitungszeit ca. 20 Minuten
Pro Portion ca. 79 kcal/330 kJ
1 g E, 1 g F, 11 g KH

Mangos schälen, das Fruchtfleisch würfeln. Mit Wein 10 Minuten dünsten. Abkühlen lassen, dann pürieren. Senf unterheben und mit heller Grundsauce abschmecken. Würzen. Passt zu kaltem Braten und Geflügel.

Cassissauce

2 El Aceto balsamico
4 El Cassislikör
100 ml Rinderbrühe
100 ml Geflügelfond
3 El Crème fraîche
1 El schwarzes Johannisbeergelee
1/2 Tl Dijonsenf
Salz
weißer Pfeffer
rote Johannisbeeren zum Garnieren

Zubereitungszeit ca. 20 Minuten
Pro Portion ca. 77 kcal/321 kJ
3 g E, 4 g F, 4 g KH

Essig mit Cassis, Brühe und Fond aufkochen und sirupartig einkochen lassen. Crème fraîche und Johannisbeergelee einrühren und mit Senf, Salz und Pfeffer abschmecken. Mit Johannisbeeren garnieren. Passt zu Entenbrust und Maispoularde.

Trüffelsauce

40 g schwarze Trüffel
2 El Butter
4 El Portwein
100 ml Rotwein
100 ml Fleischbrühe
3 El braune Grundsauce (von S. 9)
Salz, Pfeffer
1 El kalte Butter

Zubereitungszeit ca. 15 Minuten
Pro Portion ca. 114 kcal/477 kJ
3 g E, 8 g F, 3 g KH

Die Trüffel putzen und in feine Streifen schneiden. In der heißen Butter kurz dünsten, dann Port- und Rotwein sowie Brühe angießen und etwas einkochen. Mit brauner Grundsauce andicken und würzen. Kalte Butter unterheben. Passt zu Perlhuhn.

Minzesauce

2 gewürfelte Schalotten
1 El Butter
20 gehackte Minzeblätter
10 zerstoßene Pfefferkörner
4 El Weißwein
3 El weißer Aceto balsamico
3 El Sauce Béarnaise (von S. 10)
Salz, Pfeffer

Zubereitungszeit ca. 20 Minuten
Pro Portion ca. 81 kcal/338 kJ
1 g E, 7 g F, 2 g KH

Schalotten in heißer Butter andünsten, Minzeblätter und Pfeffer zugeben, Wein und Essig angießen. Sauce bis auf ein Drittel einkochen. Durchsieben und mit Sauce Béarnaise auffüllen, würzen. Passt zu Lamm.

Rheinischer Sauerbraten

Für 4 Portionen

1 kg Rindfleisch aus der Keule oder Schulter
250 ml Essig
250 ml Wasser
1 Lorbeerblatt
5 Pfefferkörner
1/2 Tl Senfkörner
7 Zwiebel
60 g Fett
250 ml Fleischbrühe
2 El Rotwein
50 g Printen oder Lebkuchen
1 El Mehl
80 ml Sahne
40 g Rosinen
Salz
Zucker

Zubereitungszeit 20 Minuten (plus Marinier- und Bratzeit)
Pro Portion ca. 585 kcal/2457 kJ
52 g E, 33 g F, 18 g KH

1 Das Fleisch in eine Schüssel geben. Den Essig und das Wasser vermischen, Lorbeerblatt und Gewürzkörner dazugeben. Zwiebel schälen und klein gehackt dazugeben. Das Fleisch 3 Tage an einem kühlen Ort marinieren lassen, ab und zu wenden.

2 Fleisch herausnehmen und abtrocknen. Das Fett erhitzen und das Fleisch darin 15 Minuten anbraten. Die Fleischbrühe, den Rotwein und etwa 100 ml Marinade hinzugießen, zugedeckt 1 Stunde garen. Die Printen oder Lebkuchen fein zerbröckeln und 10 Minuten mitschmoren. Fleisch herausnehmen und warm halten.

3 Bratenfond durchpassieren und aufkochen. Das Mehl mit der Sahne verquirlen, hinzugeben und 5 Minuten kochen lassen. Die Rosinen zufügen. Die Sauce mit Salz und Zucker abschmecken. Zu Sauerbraten schmecken Apfelkompott und Kartoffelklöße.

Münchner Sauerbraten

Für 4 Portionen

350 ml Weinessig
1 Zwiebel
2 Bund Suppengrün
1 Lorbeerblatt
2 Nelken
4 Wacholderbeeren
je 3/4 Tl Rosmarin und Thymian
Salz, Pfeffer
1 kg Rindfleisch
75 g Speck
3 El Butterschmalz
1 Stück Sauerteig-Brotrinde
200 ml Crème fraîche

Zubereitungszeit 30 Minuten (plus Schmor- und Bratzeit)
Pro Portion ca. 653 kcal/2741 kJ
55 g E, 46 g F, 5 g KH

1 Essig in 350 ml Wasser aufkochen. Zwiebel schälen und in Ringe schneiden. Suppengrün putzen, waschen und klein schneiden. Zwiebel, Gemüse und Gewürze in das Essigwasser geben und aufkochen lassen. Fleisch in dieser Marinade etwa 5 Tage ziehen lassen. Danach aus dem Sud nehmen und abtrocknen.

2 Backofen auf 200 °C (Umluft 180 °C) vorheizen. Speck in dünne Streifen schneiden und das Fleisch damit spicken. Schmalz in einem Bräter erhitzen und das Fleisch darin von allen Seiten anbraten. 500 ml Marinade mit Zwiebeln, Gemüse, Gewürzen und Brotrinde zugeben.

3 Braten im Ofen etwa 2 Stunden backen. Gelegentlich mit dem Bratensaft übergießen. Aus dem Bräter nehmen und warm stellen. Bratensauce durch ein Sieb streichen. Die Crème fraîche unterrühren und die Sauce dick einkochen lassen. Mit Salz und Pfeffer abschmecken. Das Fleisch in Scheiben schneiden und mit der Sauce anrichten. Dazu passen Knödel.

Apfelsauce

500 g geschälte und gehackte Kochäpfel
3 El Honig
2 El Weißwein
3 Nelken
1 Stück Zimtstange (ca. 5 cm)
abgeriebene Zitronenschale
3 El Butter
3 El saure Sahne

Zubereitungszeit ca. 25 Minuten
Pro Portion ca. 158 kcal/662 kJ
1 g E, 7 g F, 21 g KH

Äpfel mit Honig und Wein in einem Topf mit Nelken, Zimt und Zitronenschale aufkochen und etwa 15 Minuten köcheln. Nelken und Zimt herausnehmen, Sauce pürieren, erhitzen, Butter und saure Sahne unterheben. Passt zu gebratenem Schweinefleisch.

Sauerkirschsauce

1 El Zucker
Schale von 1/2 Orange in Streifen
200 g Sauerkirschen (Glas)
200 ml Wildfond
1 El weiße Buttersauce (von S. 11)
100 ml Sahne
1 El Kirschwasser
Salz
Cayennepfeffer

Zubereitungszeit ca. 15 Minuten
Pro Portion ca. 167 kcal/702 kJ
5 g E, 12 g F, 10 g KH

Zucker karamellisieren, Orangenschale und Kirschen untermischen. Wildfond zugeben und etwas einkochen. Buttersauce und Sahne einrühren und 5 Minuten köcheln. Mit Kirschwasser und Gewürzen abschmecken. Passt zu Wild und Fasan.

Morchelsauce

15 g getrocknete Morcheln
2 El Butter
1 gehackte Schalotte
2 cl Weißwein
1 cl Cognac
250 ml weiße Buttersauce (von S. 11)
100 ml Crème fraîche
1 Eigelb
Salz, Pfeffer

Zubereitungszeit ca. 20 Minuten
Pro Portion ca. 430 kcal/1806 kJ
5 g E, 45 g F, 3 g KH

Morcheln einweichen. Schalotte in 2 El Butter andünsten. Abgetropfte Morcheln zugeben und mitschmoren, das Einweichwasser aufheben. Wein und Cognac unterrühren. Gefiltertes Pilzwasser angießen, einkochen. Buttersauce und mit Ei verquirlte Crème fraîche unterheben, würzen. Passt zu Hase.

Karibische Obstsauce

1/2 gewürfelte Babyananas
1 geschälte Nektarine in Spalten
50 g Erdbeeren
2 El Zitronensaft
400 ml Blutorangensaft
1/2 Bund gehackte Zitronenmelisse
2 El brauner Zucker
3 El Tomaten-Grundsauce (von S. 9)

Zubereitungszeit ca. 20 Minuten
Pro Portion ca. 94 kcal/395 kJ
1 g E, 1 g F, 21 g KH

Das Obst mit Zitronensaft im Blutorangensaft 15 Minuten garen. Pürieren, Zitronenmelisse und Zucker unterrühren. Mit Tomaten-Grundsauce verfeinern. Passt zu Hirsch.

Kalbshaxe mit Rosmarin-Senf-Sauce

Für 4 Portionen

1 Kalbshaxe (ca. 1,5 kg)
Salz, Pfeffer
3 El Öl
200 ml Gemüsebrühe
250 g Schalotten in Spalten
1 El Butterschmalz
150 g halbierte Babymöhren
400 ml Rinderfond
2 El scharfer Senf
1 El gehackter Rosmarin
3 El braune Grundsauce (von S. 9)
1/2 Tl Zucker

Zubereitungszeit ca. 20 Minuten
Pro Portion ca. 493 kcal/2073 kJ
60 g E, 26 g F, 6 g KH

Kalbshaxe salzen, pfeffern und in dem Öl anbraten. Mit der Brühe im heißen Backofen bei 200 °C etwa 1 3/4 Stunde schmoren. Schalotten in heißem Butterschmalz andünsten, Möhren zugeben und kurz mitschmoren. Rinderfond angießen und etwas einkochen. Senf und Rosmarin unterrühren und mit brauner Grundsauce andicken. Die Sauce mit Salz, Pfeffer und Zucker abschmecken und zur Haxe servieren.

Schneckensauce

Schalotten und Schnecken in der heißen Butter andünsten. Kräuter, Fond und Wein zugeben, etwas einkochen lassen. Mit Sauce Béarnaise andicken und würzen. Passt zu Kalbfleisch.

Für 4 Portionen

2 gewürfelte Schalotten

150 g geschnittene Weinbergschnecken in Kräutern (Dose)

3 El Kräuterbutter

1/4 Bund gehackte gemischte Kräuter

300 ml Gemüsefond

100 ml Weißwein

3 El Sauce Béarnaise (von S. 10)

Salz, Pfeffer

Zubereitungszeit ca. 20 Minuten
Pro Portion ca. 180 kcal/753 kJ
6 g E, 14 g F, 3 g KH

Cumberlandsauce

Orangenschale mit Schalotte im Rotwein fast vollständig einkochen. Johannisbeergelee mit Portwein und 3 El Orangensaft verrühren. Würzen und mit Rotweinfarce vermischen. Passt zu Fleischpastete.

Für 4 Portionen

abgeriebene Schale und Saft von 1 Orange

1 gewürfelte Schalotte

4 El Rotwein

150 g Johannisbeergelee

2 El Portwein

1 Tl Cognac

1 Prise gemahlener Ingwer

1/4 Tl Senfpulver

Cayennepfeffer

Zubereitungszeit ca. 20 Minuten
Pro Portion ca. 143 kcal/600 kJ
1 g E, 1 g F, 31 g KH

Kapernsauce

Schalotte in heißer Butter andünsten, Kapern zugeben. Fond und Essig angießen und 20 Minuten köcheln. Kräuter und Sahne unterheben. Mit heller Grundsauce und Gewürzen abschmecken. Passt zu Königsberger Klopsen.

Für 4 Portionen

3 El Butter

1 gewürfelte Schalotte

3 El abgetropfte Kapern (Glas)

350 ml Kalbsfond

3 El Weißweinessig

1 Bund gemischte gehackte Kräuter

100 ml Sahne

3 El helle Grundsauce (von S. 9)

Salz, Pfeffer

Zubereitungszeit ca. 25 Minuten
Pro Portion ca. 209 kcal/878 kJ
8 g E, 17 g F, 7 g KH

Brombeersauce

200 g Brombeeren
3 El Zucker
3 El Zitronensaft
75 ml brauner Rum
3 El braune Grundsauce (von S. 9)
Salz, Pfeffer

Zubereitungszeit ca. 15 Minuten
Pro Portion ca. 482 kcal/2022 kJ
91 g E, 26 g F, 8 g KH

Brombeeren verlesen, putzen und waschen. Mit Zucker und Zitronensaft mischen. Rum mit 325 ml Wasser in einem Topf aufkochen, Brombeeren zugeben und 5 Minuten köcheln. Sauce nach Belieben pürieren. Mit brauner Grundsauce andicken und nach Wunsch mit Salz und Pfeffer abschmecken.

Dill-Senf-Sauce

4 gehackte Sardellenfilets
4 hart gekochte Eigelb
1 Tl scharfer Senf
2 El Obstessig
125 ml Distelöl
1/2 Bund gehackter Dill
1/2 Bund gehackte Petersilie
1 El gehackter Estragon
Salz, Pfeffer
Cayennepfeffer

Zubereitungszeit ca. 10 Minuten
Pro Portion ca. 415 kcal/1743 kJ
14 g E, 40 g F, 2 g KH

Sardellenfilets mit zerdrückten Eigelben, Senf und 1 El Essig verrühren. Das Distelöl tropfenweise mit einem Schneebesen cremig unterschlagen. Kräuter unterheben und die Sauce würzen. Passt zu kaltem Braten.

Hagebuttensauce

1 fein gehackte Zwiebel
1 El Butter
5 El Hagebuttenmus
250 ml Gemüsebrühe
100 ml Rotwein
Salz
schwarzer Pfeffer
2 El Rotweinessig
3 El rote Buttersauce (von S. 11)

Zubereitungszeit ca. 20 Minuten
Pro Portion ca. 85 kcal/357 kJ
1 g E, 2 g F, 11 g KH

Zwiebel in der heißen Butter andünsten. Hagebuttenmus unterrühren und mit Brühe und Wein aufgießen. 8 Minuten köcheln, dann mit Salz, Pfeffer und Essig abschmecken. Mit roter Buttersauce verfeinern. Passt zu Kalbsleber und Wild.

Pfifferlingsauce

75 g gewürfelter Frühstücksspeck
2 gehackte Zwiebeln
3 El Butter
100 g geputzte Pfifferlinge
200 ml Rotwein
200 ml Wildfond
1/2 Bund gehackte Petersilie
3 El braune Grundsauce (von S. 9)
Kräuterlikör
Salz, Pfeffer
Chilipulver

Zubereitungszeit ca. 20 Minuten
Pro Portion ca. 285 kcal/1197 kJ
5 g E, 23 g F, 6 g KH

Speck und Zwiebeln in heißer Butter schmoren, Pilze zugeben und mitschmoren. Wein und Fond angießen, Petersilie unterheben. Sauce etwas einkochen, mit brauner Grundsauce andicken und würzen. Passt zu Wild.

Für 4 Portionen

12 Hühnerflügel
Salz, Pfeffer
3 El Sesamöl
4–5 El dünnflüssiger Honig
5 El Pflanzenöl
1 Orange
1 1/2 El Zucker

Zubereitungszeit ca. 40 Minuten (plus Marinierzeit)
Pro Portion ca. 398 kcal/1670 kJ
25 g E, 27 g F, 14 g KH

Hühnerflügel mit Orangensauce

1 Hühnerflügel mit Salz und Pfeffer würzen. Sesamöl mit Honig verrühren und mit den Hühnerflügeln sorgfältig vermischen, 30 Minuten ziehen lassen.

2 Das Pflanzenöl in einem Wok erhitzen und die Hühnerflügel darin auf jeder Seite 4 Minuten kräftig anbraten, bis sie fast gar sind.

3 Wok vom Herd nehmen, Hähnchenflügel herausnehmen und warm halten. Orange heiß abwaschen, trockenreiben und die Schale abreiben und einige Zesten reißen. Die Orange auspressen.

4 Zucker ohne Rühren langsam erhitzen, bis der Zucker karamellisiert, vom Herd nehmen. Orangensaft und Bratensud dazugeben. Bei geringer Hitze rühren, bis eine glatte Sauce entsteht. Eventuell noch etwas Wasser oder Orangensaft hinzugießen.

Fasan mit Holunderbeeren

1 Den Backofen auf 220 °C vorheizen. Die küchenfertigen Fasane waschen, abtrocknen, salzen und pfeffern. Das Öl in einem Bräter erhitzen und die Fasane hineingeben. Im Backofen ca. 20 Minuten rosa braten, zwischendurch mehrmals mit der Brühe begießen. Herausnehmen und warm stellen.

2 Den Bratensatz mit Holunderbeersaft auffüllen und ca. 10 Minuten reduzieren lassen. Die Sahne unterrühren und etwas einköcheln lassen.

3 Die Sauce in einen Mixbecher geben und die kalte Butter untermixen. Die Holunderbeeren hinzufügen und die Sauce nochmals kurz erhitzen.

4 Die Fasane in Portionen zerteilen und mit der heißen Sauce anrichten. Dazu schmecken kleine Kartoffelklöße und Salat.

Für 4 Portionen

2 küchenfertige junge Fasane
Salz
Pfeffer
Öl zum Braten
125 ml Gemüsebrühe
500 ml Holunderbeersaft
250 ml Sahne
80 g kalte Butter
1 El Holunderbeeren

Zubereitungszeit ca. 20 Minuten (plus Bratzeit)
Pro Portion ca. 900 kcal/3780 kJ
90 g E, 60 g F, 3 g KH

Estragonsauce

2 gehackte Schalotten
2 El Sonnenblumenöl
1 gehäutete, gewürfelte Tomate
100 ml Geflügelfond
4 El Wermut
100 ml Weißwein
1 Bund gehackter Estragon
4 El Crème fraîche
Salz, Curry
Cayennepfeffer
Zitronensaft

Zubereitungszeit ca. 25 Minuten
Pro Portion ca. 128 kcal/538 kJ
2 g E, 10 g F, 4 g KH

Schalotten im heißen Öl andünsten, Tomate zugeben und mitdünsten. Fond, Wermut und Wein zugießen und Estragon unterheben, 20 Minuten köcheln. Mit Crème fraîche und Gewürzen abschmecken. Passt zu Hühnchen.

Madeirasauce

60 g Schinkenspeck in Streifen
2 gewürfelte Schalotten
1 zerdrückte Knoblauchzehe
2 El Olivenöl
4 El Madeira
2 El Aceto balsamico
300 ml Gemüsebrühe
2 El geriebener Parmesan
Salz, Pfeffer
Paprikapulver
3 El Tomaten-Grundsauce (von S. 9)

Zubereitungszeit ca. 20 Minuten
Pro Portion ca. 137 kcal/575 kJ
6 g E, 11 g F, 3 g KH

Speck, Schalotten und Knoblauch im heißen Öl andünsten. Madeira, Essig und Brühe zugeben und 20 Minuten köcheln. Käse und Gewürze unterrühren und mit Tomatensauce verfeinern. Passt zu Wildschweinsteaks.

Sanddornsauce

1 gewürfelte Mango
300 ml Geflügelbrühe
100 ml Weißwein
4 El Campari
2 El Sanddorngelee
Salz, Pfeffer
Currypulver
3 El Tomaten-Grundsauce (von S. 9)

Zubereitungszeit ca. 15 Minuten
Pro Portion ca. 131 kcal/548 kJ
5 g E, 6 g F, 10 g KH

Mango in Brühe und Wein erhitzen und den Campari unterrühren. Sauce etwas einkochen. Sanddorngelee und Gewürze zugeben und mit Tomaten-Grundsauce abschmecken. Passt zu Gänsefleisch.

Grüne Tomatensauce

2 gehackte Zwiebeln
2 gehackte Knoblauchzehen
4 El Olivenöl
500 g gewürfelte grüne Tomaten
250 g gehäutete, gewürfelte Tomaten
125 ml Gemüsefond
3 El Weinessig
2 El Zucker
Salz
Tabasco
1/4 Bund gemischte gehackte Kräuter

Zubereitungszeit ca. 25 Minuten
Pro Portion ca. 105 kcal/442 kJ
2 g E, 6 g F, 10 g KH

Zwiebeln und Knoblauch im heißen Öl andünsten. Tomaten zugeben und mitdünsten. Fond, Essig, Zucker, Salz und Tabasco zugeben und 20 Minuten köcheln. Sauce passieren und Kräuter unterheben. Passt zu Kalbsschnitzel.

Filetsteaks mit Balsam-Frucht-Sauce

Für 4 Portionen

2 gehackte Schalotten
2 El Sonnenblumenöl
250 ml Kalbsfond
8 gehackte Trockenpflaumen
1/4 Tl schwarzer Pfeffer
1 El Balsamessig
1 Tl abgeriebene Zitronenschale (unbehandelt)
1/2 Tl Zucker
1 El braune Grundsauce (von S. 9)
4 Filetsteaks
Salz

Zubereitungszeit ca. 25 Minuten
Pro Portion ca. 348 kcal/1462 kJ
34 g E, 9 g F, 31 g KH

Schalotten in 1 Esslöffel Öl andünsten. 100 ml Kalbsfond zugießen und 3 Minuten köcheln lassen. Pflaumen und den restlichen Fond hinzufügen, alles pfeffern. Weitere 5 Minuten köcheln, anschließend Essig, Zitronenschale, Zucker und Grundsauce darunter rühren. Filetsteaks im restlichen Öl braten, leicht salzen, pfeffern und mit der Sauce anrichten.

Schinken-Kapern-Sauce

Zwiebeln, Kräuter, Knoblauch und Schinken im Weißwein 10 Minuten köcheln, braune Sauce zugeben und etwas einkochen. Paniermehl in der heißen Butter anrösten und mit den Kapern unter die Sauce rühren. Würzen. Passt zu Schweine- und Kalbsbraten.

Für 4 Portionen

2 gehackte Zwiebeln
1/2 Bund gehackte Petersilie
1/2 Bund gehackter Thymian
1 Lorbeerblatt
1 Knoblauchzehe
125 g gewürfelter roher Schinken
250 ml Weißwein
250 ml braune Grundsauce (von S. 9)
50 g Butter, 2 Tl Paniermehl
4 Tl Kapern (Glas)
Salz, Pfeffer

Zubereitungszeit ca. 20 Minuten
Pro Portion ca. 285 kcal/1197 kJ
11 g E, 18 g F, 11 g KH

Gemüse-Tomaten-Sauce

Das Gemüse im heißen Öl andünsten, Chilischoten dazubröseln und mit Kalbsfond ablöschen. Sauce etwas einkochen lassen, Kreuzkümmel, Kurkuma und Knoblauch unterrühren und mit Tomatensauce andicken. Würzen. Passt zu Rinderschmorbraten.

Für 4 Portionen

50 g Brokkoliröschen
1 gewürfelte Tomate
1 gestiftete Möhre
50 g klein geschnittene Prinzessbohnen
3 El Öl
2 getrocknete Chilischoten
400 ml Kalbsfond
1 Tl Kreuzkümmel
1/4 Tl Kurkuma
2 zerdrückte Knoblauchzehen
3 El Tomaten-Grundsauce (von S. 9)
Salz, Pfeffer

Zubereitungszeit ca. 20 Minuten
Pro Portion ca. 149 kcal/625 kJ
9 g E, 10 g F, 5 g KH

Wein-Senf-Sauce

Zwiebel und Kräuter in der heißen Butter andünsten, Wein und Brühe zugießen und 10 Minuten köcheln. Pfefferkörner, Limettensaft, Senf und Curry unterrühren und mit heller Grundsauce andicken. Würzen. Passt zu Pastete.

Für 4 Portionen

2 El Butter
1 gehackte Zwiebel
1 Bund gehackter Kerbel
1/2 Bund gehackte Petersilie
200 ml Weißwein
200 ml Gemüsebrühe
6 bunte gehackte Pfefferkörner
2 El Limettensaft
2 El süßer Senf, 1 Tl Curry
3 El helle Grundsauce (von S. 9)
Salz, Pfeffer

Zubereitungszeit ca. 20 Minuten
Pro Portion ca. 116 kcal/485 kJ
1 g E, 6 g F, 6 g KH

Melissensauce

2 gewürfelte Zwiebeln
1 zerdrückte Knoblauchzehe
100 g gewürfelte Aubergine
3 El Butter
3 El Limettensaft
350 ml Gemüsebrühe
1/2 Bund gehackte Zitronenmelisse
3 El helle Grundsauce (von S. 9)
Salz, Pfeffer

Zubereitungszeit ca. 15 Minuten
Pro Portion ca. 71 kcal/300 kJ
1 g E, 5 g F, 4 g KH

Zwiebeln, Knoblauch und Aubergine in der heißen Butter andünsten. Limettensaft und Brühe zugeben. Alles 5 Minuten köcheln. Zitronenmelisse unterheben und mit heller Grundsauce andicken. Würzen. Passt zu Entenfleisch.

Soja-Zimt-Sauce

350 ml Gemüsebrühe
je 4 El helle und dunkle Sojasauce
1 Msp. Kardamom
2 Msp. Zimt
1 El brauner Zucker
1/2 Bund gehackter Koriander
2 zerdrückte Knoblauchzehen
3 El Tomaten-Grundsauce (von S. 9)
Salz, Pfeffer

Zubereitungszeit ca. 20 Minuten
Pro Portion ca. 48 kcal/200 kJ
2 g E, 3 g F, 4 g KH

Brühe und Sojasaucen erhitzen und Gewürze sowie Zucker und Koriander unterrühren und 15 Minuten köcheln. Knoblauch zugeben und mit Tomatensauce andicken. Würzen. Passt zu Schweinebraten.

Adlon-Sauce

2 Eigelb
1 El Butter
1 El Zitronensaft
Salz, Pfeffer
100 ml Gemüsebrühe
1 Tl Sardellenpaste
1 Tl Sojasauce
1/2 Tl Senf
1 Tl Kaviar

Zubereitungszeit ca. 20 Minuten
Pro Portion ca. 75 kcal/316 kJ
3 g E, 7 g F, 1 g KH

Eigelb, Butter, Zitronensaft, Salz und Pfeffer miteinander mischen. Im Wasserbad cremig rühren, nicht kochen. Brühe zugeben, abkühlen lassen. Restliche Zutaten unterheben und kühl stellen. Passt zu kaltem Braten.

Wacholdersauce

200 ml Fleischbrühe
200 ml dunkles Bier
1/2 Tl Kümmel
1/2 Bund gehackte Petersilie
1/2 Tl Paprikapulver
2 Tl Knoblauchpulver
4 zerdrückte Wacholderbeeren
75 g zerkrümelter Pumpernickel
3 El braune Grundsauce (von S. 9)
Salz, Pfeffer

Zubereitungszeit ca. 20 Minuten
Pro Portion ca. 106 kcal/444 kJ
5 g E, 3 g F, 11 g KH

Brühe und Bier erwärmen. Die Gewürze und Petersilie unterrühren und alles 15 Minuten köcheln. Pumpernickel unterheben, mit brauner Sauce andicken, würzen. Passt zu Schweinegeschnetzeltem.

Kaninchen in Senfsauce

Für 4 Portionen

150 ml Gemüsebrühe
3 El Rosinen
4 küchenfertige Kaninchenkeulen
Salz
frisch gemahlener Pfeffer
40 g Butter
1 El Öl
2 El grober Senf
150 g Crème fraîche
Kartoffelmehl zum Binden
frische Petersilie zum Garnieren

Zubereitungszeit ca. 15 Minuten (plus Bratzeit)
Pro Portion ca. 473 kcal/1985 kJ
46 g E, 28 g F, 9 g KH

1 Von der Gemüsebrühe 50 ml abnehmen und die Rosinen darin einweichen. Inzwischen die Kaninchenkeulen mit Salz und Pfeffer würzen.

2 Die Butter mit dem Öl in einer Pfanne erhitzen und die Keulen darin rundherum ca. 5 Minuten goldbraun braten. Die restliche Gemüsebrühe hinzugießen, den Deckel auflegen und alles ca. 30 Minuten schmoren lassen.

3 Wenn die Kaninchenkeulen gar sind, den Senf, die Crème fraîche und die Rosinen unterrühren. Ist die Sauce zu dünn, diese etwas einkochen lassen oder mit wenig Kartoffelmehl binden.

4 Die Petersilie waschen, trockenschütteln und fein hacken. Das Kaninchen mit Sauce, glasierten Möhren und Salzkartoffeln servieren und mit Petersilie garnieren.

Kaninchen in Bärlauchsauce

Für 4 Portionen

1 küchenfertiges Kaninchen
2 Zwiebeln
125 ml Weißwein
400 ml Fleischbrühe
frisch gemahlener schwarzer Pfeffer
Salz
2 El Butter
2 El Mehl
60 g Bärlauch
300 ml saure Sahne
etwas Zitronensaft

Zubereitungszeit ca. 30 Minuten (plus Kochzeit)
pro Portion ca. 435 kcal/1827 kJ
38 g E, 26 g F, 8 g KH

1 Kaninchen in Portionsstücke zerteilen. Zwiebeln schälen und vierteln. Weißwein und die Hälfte der Fleischbrühe aufkochen. Die Kaninchenstücke mit Zwiebeln, Salz und Pfeffer hineingeben und zugedeckt ca. 1 Stunde köcheln lassen, bis das Fleisch weich ist. Die Fleischstücke herausnehmen und warm stellen.

2 Für die Sauce den Fond durchsieben und mit der restlichen Fleischbrühe zum Kochen bringen. Die Butter mit dem Mehl gut verkneten, in die Sauce einrühren und einige Minuten köcheln lassen.

3 Bärlauch putzen, waschen und in feine Streifen schneiden. Bärlauch und saure Sahne unter die Sauce heben und mit Salz und Zitronensaft abschmecken. Die Fleischstücke in der Sauce nochmals heiß werden lassen und mit der Sauce servieren.

Oliven-Knoblauch-Sauce

Für 4 Portionen

4 El Olivenöl
60 g Mehl
500 ml Hühnerfond
1 enthäutete fein gehackte rote Paprikaschote
75 g gehackte grüne Oliven
1 zerdrückte Knoblauchzehe
Salz, schwarzer Pfeffer
2 El gehacktes Schnittlauch

Zubereitungszeit ca. 25 Minuten
Pro Portion ca. 303 kcal/1274 kJ
16 g E, 25 g F, 3 g KH

Aus 2 El Öl und dem Mehl eine Mehlschwitze bereiten. Fond angießen, Paprika einrühren und 20 Minuten köcheln. Oliven und Knoblauch einrühren, kurz mitköcheln. Restliches Öl, Gewürze und Schnittlauch zugeben. Dazu passt Hähnchen.

Kerbel-Pilz-Sauce

Für 4 Portionen

15 g getrocknete Steinpilze
100 g geputzte und gehackte Egerlinge
50 g Butter
300 ml Béchamelsauce (von S. 10)
1 El Sojasauce
1 El Zitronensaft
1/2 Tl abgeriebene Zitronenschale (unbehandelt)
Salz
schwarzer Pfeffer
2 El gehackter Kerbel

Zubereitungszeit ca. 25 Minuten
Pro Portion ca. 228 kcal/959 kJ
11 g E, 5 g F, 7 g KH

Steinpilze in 60 ml Wasser einweichen, anschließend herausnehmen und hacken, Einweichwassser aufheben. Egerlinge in der Butter dünsten, Steinpilze zugeben und 2 Minuten mitdünsten lassen. Einweichwasser durch ein Sieb passiert zugießen, Soja- und Béchamelsauce unterrühren. Alles 20 Minuten köcheln. Sauce mit Zitronensaft und -schale aromatisieren und mit Gewürzen abrunden. Kurz vor dem Servieren Kerbel unterheben.

Kumquatsauce

Für 4 Portionen

2 gehackte Schalotten
100 g gewaschene Kumquats in Scheiben
3 El Öl
400 ml Kalbsfond
1/2 Bund gehackter Estragon
3 El Sauce Béarnaise (von S. 10)
Salz, Pfeffer

Zubereitungszeit ca. 30 Minuten
Pro Portion ca. 567 kcal/2379 kJ
49 g E, 39 g F, 6 g KH

Schalotten und Kumquatscheiben im heißen Öl andünsten und mit Kalbsfond aufgießen. 10 Minuten köcheln, dann Estragon unterrühren. Mit Sauce Béarnaise andicken und mit Salz und Pfeffer würzen.

Perlhuhn mit Ananas-Rum-Sauce

Das Perlhuhn salzen, pfeffern und in 2 El Öl anbraten. Die Brühe hinzugießen und das Huhn in etwa 30–40 Minuten gar schmoren. Frühlingszwiebeln im restlichen Öl andünsten, Chilischote dazubröseln. Ananas zugeben und kurz mitschmoren. Saft und Rum zugießen und 10 Minuten köcheln. Mit Zucker, Tabasco, Salz und Pfeffer pikant abschmecken. Mit brauner Grundsauce andicken. Das Perlhuhn mit der Sauce anrichten und servieren.

Für 4 Portionen

1 küchenfertiges Perlhuhn
Salz, Pfeffer
5 El Öl
1 Bund gehackte Frühlingszwiebeln
1 getrocknete Chilischote
1 gewürfelte Baby-Ananas
300 ml Ananassaft
100 ml Rum
1 Tl brauner Zucker
Tabasco
3 El braune Grundsauce (von S. 9)

Zubereitungszeit ca. 30 Minuten
Pro Portion ca. 237 kcal/995 kJ
8 g E, 13 g F, 8 g KH

Saucen für Desserts

Beim Anblick der köstlichen Schokoladen- und Fruchtcremes in diesem Kapitel fällt die Auswahl schwer. Doch ganz gleich, ob Sie sich für die fruchtig-leichte oder die sahnig-cremige Richtung entscheiden, in puncto Genuss stehen sich die Saucen in nichts nach. Lassen Sie sich begeistern von Mascarponecreme, Orangensauce oder Schokoladen-Zabaglione, die Sie zu Gebäck, Joghurt, Eis oder Früchten reichen können.

Vanillecreme

500 ml Milch
1 aufgeschnittene Vanilleschote
6 Eigelb
4 El Zucker

Zubereitungszeit ca. 20 Minuten
Pro Portion ca. 216 kcal/908 kJ
9 g E, 15 g F, 11 g KH

Die Milch mit dem ausgekratztem Vanillemark und der Schote aufkochen. Eigelb und Zucker in einer Schüssel schaumig rühren und zur heißen Milch geben. Das Ganze im heißen Wasserbad 10 Minuten schaumig schlagen. Wenn die Sauce andickt, Vanilleschote entfernen. Passt zu Apfelstrudel.

Weincreme

4 Eigelb
150 g Zucker
Mark von 1/2 Vanilleschote
200 ml trockener Weißwein
1 Tl abgeriebene Zitronenschale

Zubereitungszeit ca. 20 Minuten
Pro Portion ca. 116 kcal/487 kJ
4 g E, 7 g F, 2 g KH

Eigelb mit Zucker und Vanillemark schaumig schlagen. Im Wasserbad weiter schlagen und den Wein nach und nach zugießen. Zitronenschale unterheben. Schüssel mit der Creme in Eiswasser stellen und Sauce kalt rühren. Passt zu Pudding und Beeren.

Kaffeelikörsauce

2 El Butter
2 El Zucker
200 g Sahne
4 El Kaffeelikör
2 El Mandelblättchen

Zubereitungszeit ca. 15 Minuten
Pro Portion ca. 230 kcal/965 kJ
2 g E, 21 g F, 7 g KH

Butter schmelzen und den Zucker darin karamellisieren. Sahne einrühren und 2 Minuten köcheln. Dann den Kaffeelikör zugeben und gut durchrühren. Die Mandelblättchen goldgelb rösten und unter die Sauce heben. Passt zu Pudding und Soufflee.

Erdbeersauce

300 g geputzte Erdbeeren
3 El Zucker
2 El Orangensaft
1 El Zitronensaft
1/2 Tl zerstoßene Korianderkörner
2 cl Orangenlikör

Zubereitungszeit ca. 20 Minuten
Pro Portion ca. 58 kcal/242 kJ
1 g E, 1 g F, 10 g KH

Erdbeeren mit Zucker, Orangensaft, Zitronensaft und Koriander in einem Topf aufkochen. Masse pürieren und erneut aufkochen. Likör unterrühren und etwas abkühlen lassen. Passt zu Eis und Joghurtcreme.

Für 4 Portionen

250 ml Sahne
4 Eigelb
80 g Zucker
100 g Zartbitterschokolade
6 El Grand Marnier
4 unbehandelte Orangen

Zubereitungszeit ca. 20 Minuten (plus Kühlzeit)
Pro Portion ca. 580 kcal/2436 kJ
8 g E, 34 g F, 51 g KH

Parfait von Schokolade mit Orangensauce

1 Die Sahne in einer kalten Schüssel mit dem Schneebesen steif schlagen und kalt stellen. Eigelb mit 40 g Zucker cremig rühren.

2 Die in Stücke gebrochene Schokolade mit 2 El Grand Marnier in einem Topf bei mittlerer Temperatur unter Rühren schmelzen, dann unter die Eier-Zucker-Creme mischen. Abkühlen lassen und zuletzt die Sahne unterheben.

3 Die Schokoladenmasse in 4 kleine Förmchen füllen und die Oberfläche glatt streichen. Abgedeckt etwa 6 Stunden gefrieren lassen.

4 Die Orangen schälen, die Filets herauslösen und den Saft auffangen. Den restlichen Zucker in einem Topf karamellisieren lassen, den Orangensaft zugeben und kochen, bis der Zucker aufgelöst ist.

5 Den restlichen Grand Marnier unterrühren. Die Sauce in eine Schale füllen und die Orangenfilets darin durchziehen lassen.

6 Vor dem Servieren die Förmchen kurz in heißes Wasser stellen. Dann auf eine Platte stürzen. Das Parfait mit Orangenfilets und Sauce servieren.

Ananas mit Schokoladen-Zabaglione

1 Eigelb mit dem Zucker in einer Metallschüssel schaumig rühren.

2 Die Schokolade fein reiben und unter den Ei-Zucker-Schaum heben. Den Marsala hinzufügen.

3 Die Schüssel über kochendes Wasser in einen Topf stellen. Die Masse so lange mit dem Rührbesen schlagen, bis sie andickt. Darauf achten, dass die Zabaglione nicht kocht, sonst gerinnt das Eigelb.

4 Die Ananas in Stücke schneiden und mit der Schokoladen-Zabaglione anrichten. Nach Belieben garnieren und servieren

Tipp

Statt Marsala können Sie auch einen anderen Dessertwein verwenden, zum Beispiel Portwein oder Tokajer.
Eine klassische Zabaglione lässt sich aus 4 geschlagenen Eigelb, 40 g Zucker, 100 ml Marsala und etwas Zitronensaft herstellen. Diese italienische Creme ist leicht verderblich und sollte direkt vor dem Servieren zubereitet werden.
Zur Zabaglione passen neben frischem Obst auch Löffelbiskuits und Amarettini.

Für 4 Portionen

5 Eigelb
50 g Zucker
60 g Zartbitterschokolade
125 ml Marsala
1 Baby-Ananas

Zubereitungszeit ca. 25 Minuten
Pro Portion ca. 273 kcal/1145 kJ
6 g E, 15 g F, 23 g KH

Orangensauce

4 unbehandelte Orangen
3 El Weißwein
2 El Zucker
30 g kalte Butter
4 Tropfen Bittermandelöl

Zubereitungszeit ca. 15 Minuten
Pro Portion ca. 154 kcal/645 kJ
2 g E, 7 g F, 19 g KH

Schale von 1 Orange abschälen und in Streifen schneiden. Alle Orangen auspressen. Saft mit Wein, Orangenschale und Zucker aufkochen und etwas einkochen lassen. Die Butter in Flöckchen unter die Sauce rühren. Mit Bittermandelöl abschmecken. Passt zu Vanilleeis.

Mascarponecreme

400 g Mascarpone
2 Eigelb
50 g Puderzucker

Zubereitungszeit ca. 10 Minuten
Pro Portion ca. 425 kcal/1785 kJ
13 g E, 35 g F, 15 g KH

Mascarpone in eine Schüssel geben. Eigelb und den gesiebten Puderzucker zugeben und alles glatt rühren. Passt zu gedünsteten Äpfeln.

Mangocreme

1 gewürfelte Mango
1 El Honig
1 El Limettensaft
4 cl Aprikosenlikör

Zubereitungszeit ca. 10 Minuten
Pro Portion ca. 34 kcal/142 kJ
20 g E, 16 g F, 7 g KH

Mango in 100 ml Wasser geben und aufkochen. Honig und Limettensaft zugeben und 5 Minuten köcheln. Die Creme pürieren und den Likör unterrühren. Abkühlen lassen. Passt zu Fruchtsalat.

Kirschsauce

500 g Sauerkirschen
150 g brauner Zucker
100 ml Weißwein
1 Tl Puddingpulver (Fertigprodukt)
2 El Kirschwasser (oder Kirschsaft)

Zubereitungszeit ca. 20 Minuten
Pro Portion ca. 255 kcal/1071 kJ
1 g E, 1 g F, 55 g KH

Kirschen waschen, entsteinen und mit Zucker, Wein und 250 ml Wasser aufkochen und 10 Minuten köcheln lassen. Masse nach Belieben pürieren und mit Puddingpulver binden. Mit Kirschwasser oder -saft abschmecken. Passt zu Eis und Gebäck.

Mandelbienenstich mit Fruchtsauce

Für 4 Portionen

400 g gemischte Beeren (Erdbeeren, Brombeeren, Himbeeren)

150 g Zucker

Saft von 1 Zitrone

8 El Kirschlikör

4 Stückchen Mandelbienenstich

Zubereitungszeit ca. 25 Minuten
Pro Portion ca. 389 kcal/1637 kJ
4 g E, 12 g F, 63 g KH

Früchte putzen und waschen. Anschließend mit Zucker und Zitronensaft in 500 ml Wasser 20 Minuten köcheln. Masse pürieren, durch ein Sieb streichen und mit Likör verrühren. Heiß oder kalt zu Mandelbienenstich reichen.

Cognacsauce

Kaffeesahne, Zucker und Vanillemark in einen Topf geben und unter Rühren Zucker auflösen lassen. 1 Minute köcheln. Zerkleinerte Schokolade einrühren und schmelzen. Dann Butter und Salz unterheben und mit Cognac abschmecken. Passt zu Gebäck und Eis.

Für 4 Portionen

400 ml Kaffeesahne
100 g brauner Zucker
Mark von 1 Vanilleschote
150 g Zartbitterschokolade
30 g Butter
1 Prise Salz
2 El Cognac

Zubereitungszeit ca. 15 Minuten
Pro Portion ca. 550 kcal/2310 kJ
6 g E, 39 g F, 45 g KH

Süße Buttersauce

Butter und Zucker schaumig rühren. Zitronensaft und -schale unter Rühren zur Butter-Zucker-Mischung geben. Anschließend Eigelb und Sahne verrühren und langsam unter die Zitronen-Butter-Mischung rühren. Armagnac zuletzt unterrühren. Passt zu Dampfnudeln und Pfannkuchen.

Für 4 Portionen

125 g weiche Butter
100 g Zucker
Saft und abgeriebene Schale von 1 unbehandelten Zitrone
1 Eigelb
8 El Sahne
2 El Armagnac

Zubereitungszeit ca. 15 Minuten
Pro Portion ca. 413 kcal/1733 kJ
2 g E, 34 g F, 26 g KH

Papaya-Ingwer-Sauce

Ingwer 30 Minuten im Rum einlegen. Die Papayas würfeln, bis auf 50 g mit Zucker, Wein und dem Vanillemark zum Kochen bringen und etwa 20 Minuten köcheln. Anschließend die Masse pürieren und erneut aufkochen. Etwas einkochen und mit restlicher Papaya, Ingwer und Rum vermischen. Passt zu Obstkuchen, Eis und Crêpes.

Für 4 Portionen

60 g gehackter kandierter Ingwer
2 El Rum
2 geschälte Papayas ohne Kern
150 g Zucker
4 El Weißwein
Mark von 1 Vanilleschote

Zubereitungszeit ca. 25 Minuten
Pro Portion ca. 434 kcal/1821 kJ
8 g E, 25 g F, 68 g KH

Weiße Schokoladensauce

200 g weiße Schokolade
100 ml Milch
200 ml Sahne
1 cl Orangenlikör

Zubereitungszeit ca. 20 Minuten
Pro Portion ca. 430 kcal/1806 kJ
7 g E, 32 g F, 50 g KH

Die Schokolade in einer Schüssel zerkleinern und im Wasserbad schmelzen. Milch und Sahne aufkochen, 2 Minuten köcheln, dann mit der Schokolade verrühren. Likör zugeben und alles glatt rühren. Passt zu Eis und Crêpes.

Schokoladensauce

200 g Edelbitterschokolade
150 ml Sahne
3 El Zucker
1 El Rum

Zubereitungszeit ca. 25 Minuten
Pro Portion ca. 365 kcal/1533 kJ
5 g E, 28 g F, 24 g KH

Schokolade zerkleinern und in einer Schüssel im Wasserbad unter ständigem Rühren schmelzen. In einem Topf Sahne und Zucker aufkochen und unter die geschmolzene Schokolade rühren. Sauce glatt rühren und mit Rum aromatisieren. Heiß oder kalt servieren. Passt zu Vanilleeis, Pudding und Grießbrei.

Rum-Eiercreme

4 Eigelb
4 El Zucker
8 El brauner Rum

Zubereitungszeit ca. 15 Minuten
Pro Portion ca. 120 kcal/504 kJ
4 g E, 7 g F, 5 g KH

Eigelb mit Zucker verrühren und in einer Schüssel im Wasserbad so lange schlagen (Wasser darf nicht kochen!), bis die Masse cremig ist. Rum mit 125 ml Wasser mischen und langsam in die Creme rühren. Sofort servieren. Passt zu Fruchtsalat und Sorbet.

Aprikosensauce

350 g Aprikosen
Saft von 1 Zitrone
3/8 l trockener Sekt
2 El Akazienhonig

Zubereitungszeit ca. 25 Minuten
Pro Portion ca. 131 kcal/551 kJ
1 g E, 11 g F, 16 g KH

Die Aprikosen schälen, entkernen und zerkleinern. Mit Zitronensaft, Sekt und Honig in einem Topf etwa 20 Minuten köcheln. Anschließend pürieren und kühlen. Passt zu Grießpudding.

Honigsauce

Für 4 Portionen

250 ml kalter Sahnejoghurt
2 El frisch gehackte Minze
3 El Sonnenblumenhonig

Zubereitungszeit ca. 10 Minuten
Pro Portion ca. 122 kcal/510 kJ
2 g E, 11 g F, 3 g KH

Joghurt mit Minze in einer Schüssel mischen und gut verrühren. Den Honig in dünnem Strahl (eventuell vorher leicht erwärmen, damit er flüssig wird) dazugeben und vorsichtig unterheben. Sehr kalt servieren. Passt zu heißen Pfannkuchen, Pudding oder Obst.

Kastaniencreme

Für 4 Portionen

4 Eigelb
125 g Zucker
250 ml Sahne
4 El Kastanienpüree
1 Tl Maraschinolikör
gehackte Pistazien zum Garnieren

Zubereitungszeit ca. 25 Minuten
Pro Portion ca. 410 kcal/1722 kJ
6 g E, 27 g F, 36 g KH

Eigelb mit Zucker mischen, in eine Schüssel geben und im Wasserbad (nicht kochen!) schaumig schlagen. 125 ml Sahne zugeben und die Sauce cremig rühren. Kastanienpüree darunter ziehen. Abkühlen lassen, restliche Sahne schlagen und Maraschino unterheben. Die Maraschinosahne unter die Creme heben und mit gehackten Pistazien bestreuen. Passt zu Waffeln.

Nuss-Honig-Sauce

Für 4 Portionen

200 ml Ahornsirup
100 ml Sahne
1 El Cappuccinopulver, in 2 El kochendem Wasser aufgelöst
75 g gehackte Walnüsse (oder andere Nüsse)
2 El Kaffeelikör

Zubereitungszeit ca. 20 Minuten
Pro Portion ca. 380 kcal/1596 kJ
4 g E, 19 g F, 44 g KH

Ahornsirup und Sahne verrühren und in einem Topf aufkochen. Bei geringer Temperatur etwa 5 Minuten köcheln, bis die Flüssigkeit etwas eindickt. Masse abkühlen lassen, Cappuccino, Nüsse und Kaffeelikör unterheben. Passt zu Eis und Pudding.

Eis mit Orangen-Wein-Sauce

Für 4 Portionen

Saft von 4 Blutorangen
250 ml Rotwein
4 El brauner Zucker
1/2 Zimtstange
3 Nelken
4 Pimentkörner
Schale von 1 Orange in Streifen
1 Tl Reismehl
30 g Butter
400 ml Vanilleeis

Zubereitungszeit ca. 20 Minuten
Pro Portion ca. 323 kcal/1357 kJ
5 g E, 16 g F, 32 g KH

Orangensaft, Rotwein und Zucker mit den Gewürzen aufkochen und um ein Drittel einkochen. Gewürze entfernen. Schale kurz in kochendem Wasser blanchieren. Reismehl in etwas Saft anrühren und die Sauce binden. Schale und Butter unterheben und zum Eis servieren.

Rezeptverzeichnis